DIE HIEROGLYPHEN DES UNBEWUSSTEN TRAUMAS

Wahrnehmung, Wandel und Verstehen im therapeutischen Prozess

Ein Beitrag zur subjektiven Medizin

Regula Dammring   Peter Heinl

DIE HIEROGLYPHEN DES UNBEWUSSTEN TRAUMAS

WAHRNEHMUNG, WANDEL UND VERSTEHEN IM THERAPEUTISCHEN PROZESS

Ein Beitrag zur subjektiven Medizin

THINKAEON

Copyright © Peter Heinl, 2019

Thinkaeon®

Thinkclinic® Publications

Thinkclinic® Limited

32 Muschamp Road

GB London SE15 4EF

ISBN 978-1-9998339-8-5

www.thinkclinic.com

drpeterheinl@thinkclinic.com

Twitter: @DrPeterHeinl und @Thinkclinic

Facebook: peter.thinkclinic und thinkclinic

LinkedIn: Peter Heinl

Xing: Peter Heinl

Gestaltung und Umsetzung: uwe kohlhammer

Umschlagabbildung: Peter Heinl

Meinen Bericht widme ich allen Therapeut*innen, denen es gelingt, sich von ihren vermeintlichen Gewissheiten zu lösen und sich vollkommen auf ihre Klient*innen im Hier und Jetzt einzulassen.

Regula Dammring

Dieses Buch widme ich meinen Patient*innen,
die mir im Lauf der Jahre ihr Vertrauen geschenkt, mir tiefe Einblicke in ihre Lebens- und Leidenswelten gewährt haben und ohne die mein Verständnis der Conditio humana ungleich karger und mein In-der-Welt-Sein weniger sinnerfüllt geblieben wäre.

Peter Heinl

.

in mir träumte es und meine träume sind wie der norden/
wo schneeberge uralte märchen verbergen/
durch mein gehirn gehen meine gedanken und machen mich
wachsen/
wie die steine wachsen/
niemand weiß davon und begreift/

Oskar Kokoschka

Quelqu'une des voix
Toujours angélique
Il s'agit de moi —
Vertement s'explique

Arthur Rimbaud

INHALT

TEIL II
BAUSTEINE DES VERSTEHENS

von Peter Heinl

VORWORT

Atemberaubend spannend zu lesen, doch mit feinfüh-
liger Lebendigkeit und der Gabe unbestechlicher, souveräner
Selbstbeobachtung – so beschreibt Regula Dammring ihren
Weg auf der Suche nach Befreiung aus dem jahrelangen
Gefangensein in einem leidvollen, seelischen Labyrinth, in
das sie ein frühkindliches Trauma hineingezwungen hatte.

Regula Dammrings Bericht ist ein eindrucksvolles, ja
erschreckendes Zeugnis der seelischen Langzeitfolgen früher
Traumatisierungen, doch zugleich ein inspirierendes und
ermutigendes Dokument, das die von Höhen und Tiefen, von
Überraschungen und Begegnungen mit dem Unerwarteten,
von Anrührendem und Aufwühlendem getragene Dynamik
der Bewusstwerdung und Verarbeitung eines frühen, unbewussten Traumas auf dem Hintergrund transgenerationeller

Einflüsse vor Augen führt und somit den facettenreichen Weg eines Entwicklungs- und Heilungsprozesses im Erwachsenenalter.

Als jemand, der das Privileg hatte, Regula Dammring als ihr Psychiater und Psychotherapeut während dieses Kapitels ihres Lebenswegs begleiten zu dürfen, freut es mich sehr, dass sich Regula Dammring bereit erklärte, ihre bewegenden Erfahrungen mit anderen Menschen zu teilen.

Es erscheint mir von eminenter Bedeutung, das Bewusstsein für die im Unbewussten verborgene und sich auf das gesamte Leben verdunkelnd oder gar lähmend auswirkende Dimension von tiefen und nie verheilten seelischen Wunden zu fördern, um Menschen zu einer Linderung oder gar Erlösung von unbewusstem, unsichtbarem, unerkanntem und unbehandeltem Leid zu befreien und zu einem freudigeren Selbstbewusstsein und erfüllteren Lebensgefühl zu verhelfen.

Somit ist Regula Dammrings Bericht auch als ein Beitrag zu einer subjektiven Medizin zu verstehen, vergleichbar mit anderen Werken, in denen das erlittene Leid aus subjektiver Sicht in all seinen krankheitsbedingten, schmerzlichen Auffächerungen in den Mittelpunkt gestellt wurde, wie Daniel Paul Schrebers *Denkwürdigkeiten eines Nervenkranken*, Oliver Sacks *Der Tag, an dem mein Bein fortging* wie auch das Buch von Hildegund Heinl *Und wieder blühen die Rosen. Mein Leben nach dem Schlaganfall.*

In der Medizin stehen traditionsgemäß die Beschreibung der Beschwerden, Symptome und Erkrankungen aus der medizinischen Perspektive im Vordergrund, ebenso wie die ärztlich Tätigen, die sich um ein Verstehen, Erkennen und Behandeln dieses immens großen Spektrums verschiedenartigster Krankheitsformen bemühen. Sie bleibt jedoch ein unvollständiges Wissens-, Lehr- und Lerngebäude, wenn nicht auch die Unmittelbarkeit des Erlebens und Leidens derer, die von Krankheiten betroffen sind, mit wacher Sensibilität, Erlebnistiefe und in all seinen Facetten und Auswirkungen auf den gesamten Menschen zur Darstellung kommt.

Mein Beitrag zu diesem Buch beschränkt sich darauf, mir relevant erscheinende Prinzipien und Gesichtspunkte meiner Arbeitsweise darzustellen – auch, um neue Fragen anzuregen und zu ermutigen. Denn jedes lebendige und zukunftsträchtige Arbeitsfeld bedarf der Befruchtung durch neue Ideen.

Möge die Lektüre von *Die Hieroglyphen des unbewussten Traumas* das Bewusstsein für die machtvollen, tief in das Erwachsenenleben greifenden Auswirkungen von Kindheitserfahrungen und für den faszinierenden Kosmos der menschlichen Seele wachsen lassen wie auch für unsere heutigen Möglichkeiten, seelischen Wunden Linderung und Heilung zukommen zu lassen.

Es erfordert Mut, sich in Behandlung zu begeben in der Hoffnung, die Last von die Seele beschwerenden Bürden dank professioneller Hilfe zu erleichtern und zu überwinden. In einem Zeitalter, in dem trotz einer Flut technologischer Fortschritte, gerade auch auf dem Gebiet der künstlichen Intelligenz, ein unvermindert hohes Maß an psychischen

Leiden besteht, vermag der vorliegende Bericht denen, die im Bereich der Psychiatrie, Psychologie, Psychotherapie, Familientherapie, Psychosomatik und Psychotraumatologie berufstätig sind, Anregungen zu geben und Mut zu machen, einfühlsam innovative und kreative Wege zu gehen, um psychische Leiden zu erkennen und zu lindern. Ganz im Sinn von Immanuel Kants zeitloser Ermutigung *Sapere aude! Habe Muth, dich deines eigenen Verstandes zu bedienen!*

Peter Heinl 03.02.19, London

TEIL I

DIE UNSICHTBARE MACHT
DER FRÜHEN JAHRE

von Regula Dammring

I

VERSTRICKUNGEN

„Das musst du mal lesen, es ist ein sehr interessantes Buch!", hatte meine Freundin gesagt und mir ein psychologisches Fachbuch in die Hand gedrückt. Als ich einige Tage später anfing, es zu lesen und mich damit auseinanderzusetzen, erkannte ich mich betroffen wieder. In jedem Symptom, in jeder der differenziert, klar und präzise beschriebenen Verhaltensweisen, die dazugehörten, entdeckte ich mich selbst. Ich wusste nun darum, dass ich zu den Oknophilen gehörte, also zu den Menschen, die sich ängstlich an andere anklammern, darüber hinaus auch zu den Menschen mit einer tiefen, narzisstischen Störung. Ich las von meiner emotionalen Verlassenheit und von meinem Mangel an liebevoller Zuwendung zu mir selbst. Und von dem schwierigen und langen Weg, der herausführt aus einer solchen tiefgreifenden Verunsicherung.

Zwei Tage lang brachte mich dieses Buch dazu, mich defizitär und niedergeschlagen zu fühlen, bis es mir gelang, den Bann abzuschütteln, unter den ich durch diese Zuordnung und Klassifizierung geraten war. Zwar konnte ich in mir selbst alles dort Zusammengetragene wiederfinden, aber meine eigene Geschichte, mein ganz persönlicher Lebensweg mit den vielen unterschiedlichen Erlebnissen und Prägungen, war mir dabei völlig aus dem Blick geraten. Erst meine Erinnerung daran, wer ich wirklich bin und was mich dazu gemacht hat, half mir dazu, mich wieder zu fangen.

Solche rigiden Schematisierungen und starren Einordnungen kommen mir mehr und mehr wie Abstempelungen vor, die eher Schaden anrichten als Nutzen bringen. Wozu ist ein Raster gut, das keinen Raum lässt für das Individuelle? Warum eigentlich redet man nicht einfach von Verstrickungen? Ich glaube, es ist nichts anderes als eine Verstrickung mit der Vergangenheit, was die Menschen seelisch oder sogar körperlich krank macht. Wenn man der Gegenwart nicht als „hier und jetzt" begegnen kann, weil man gar nicht klar sieht, wie es hier und jetzt ist, sondern durch Vorerfahrungen oder Vorprägungen eine bestimmte Sichtweise einnehmen muss, ist man „verstrickt". Wir alle sind verstrickt – mehr oder weniger. Besser: Wir wurden verstrickt, eingestrickt in das Muster unserer Familie, unserer Umwelt, unserer Gesellschaft. In der Regel hängen wir in den Maschen fest und entkommen den Schlingen nur mühsam, denn diese haben uns einmal Halt, Sicherheit und Orientierung gegeben. Oft aber bedeuteten sie eben auch Unbeweglichkeit, Starrheit und Leblosigkeit, die eigene Impulse und die Entfaltung eines freien Willens verhindern.

Das Einzige, was dagegen hilft, ist, die Verstrickungen zu lösen. Das kann eine langwierige und schwierige Aufgabe sein. Häufig nämlich sind die Stricke, die uns an die Vergangenheit fesseln, dick und kaum beweglich. Manchmal sind sie miteinander verklebt und verfilzt und man benötigt viel Geschick, sie voneinander zu lösen. Aber wenn man sie einmal entwirrt hat, ist das wie eine Erlösung, ein Aufbruch in eine ganz neue Freiheit.

Auf diesen Weg der Befreiung habe ich mich begeben. Fast müsste ich sagen: Ich bin auf diesen Weg gestoßen worden, denn ich habe ihn anfangs nicht aus einem deutlichen Leidensdruck heraus freiwillig beschritten. Beruflich bedingt ergab es sich eben so. Über diesen Stoß oder Anstoß von außen bin ich sehr froh. Es hat lange gedauert, bis ich das volle Ausmaß meiner eigenen Verstrickung überblicken konnte. Und noch länger, um dem Weg da heraus zu trauen, sodass ich ihn sehen und beschreiten konnte.

Ich berichte auf diesen Seiten davon, wie es mir ergangen ist, als ich anfing, meine Verstrickungen aufzudröseln, mein eigenes Strickmuster zu entdecken und die Fäden selbst in die Hand zu nehmen. Es ist ein subtiler und vielschichtiger Prozess gewesen, der mich in Abgründe führte und auf windige, karge Hochplateaus, durch Wüsten, aber auch an fruchtbare Äcker und über bestellte Felder. Während dieser Zeit habe ich mich sehr verändert.

Als ich meine Reise begann, war ich gefesselt durch vielerlei Ängste, fühlte mich angekettet an immer dasselbe einfalls- und farblose Muster. Weder mochte ich mich, noch traute ich mir etwas zu. Ich fühlte mich unvollkommen, nörgelte und kritisierte dauernd unbarmherzig an mir herum und war meist verstimmt, misstrauisch und angespannt. Allerdings wusste ich das nicht. Das war gut so, glaube ich heute. Erst jetzt, am Ende der langen Irrfahrt, kann ich mir eingestehen, wie wenig wohl ich mich damals gefühlt habe und wie eingeschränkt ich durch meine Hemmungen und Ängste war.

Das ist mir nur durch den Vergleich mit meinem jetzigen Lebensgefühl möglich geworden. Nachdem ich weiß, was Leichtigkeit, Freude und wirklicher Kontakt bedeuten können und wie es sich anfühlt, glücklich zu sein, ist mir die Schwere, die Dunkelheit und die Verlassenheit von früher erst richtig deutlich.

Ich bin kein neuer Mensch geworden, aber ich habe erfahren, dass das Leben Spaß macht und ich dort, wo ich bin, am richtigen Platz stehe. Mein eigenes, neues Muster stricke ich in helleren Farben, die Fäden sind zarter und weicher und das Gewebe ist elastisch und nicht so eng. Im Übrigen macht es überhaupt nichts, wenn mal eine Masche rutscht oder sich ein Fehler einschleicht.

II

IM LABYRINTH DER PSYCHOSZENE

Meine erste Begegnung mit der Psychotherapie liegt zehn Jahre zurück. Ich war im Jahr 1981 achtundzwanzig Jahre alt, seit einiger Zeit Lehrerin, fest im Beamtenverhältnis, lebte allein und war trotz aller äußerlichen Sicherheiten unzufrieden mit dem Beruf und vor allem mit mir. In den Jahren davor hatte ich immer deutlicher gemerkt, dass ich Schwierigkeiten hatte, mich in Männerbeziehungen entspannt und wohl zu fühlen, obwohl ich mir Mann, Familie und Kinder sehr wünschte. Ich fühlte mich deswegen frustriert, enttäuscht und depressiv. Durch die Anregung eines Bekannten, der gerade eine Therapie angefangen hatte, kam ich auf die Idee, dass ich mir diese Probleme vielleicht gründlicher ansehen müsste.

Wie ich nun vorging, zeigt meine ganze Arglosigkeit und Unerfahrenheit im Umgang mit der Psychotherapie und lässt gleichzeitig schlaglichtartig erkennen, wie viel Angst ich vor einer Kontaktaufnahme hatte. Zum Glück habe ich diese Angst erst viel später entdeckt und verstanden. Zum damaligen Zeitpunkt war ich weder über den Psychotherapeutenmarkt noch über seine unterschiedlichen Ansätze informiert. Das Einzige, was ich wusste, war, dass ich keine Psychoanalyse wollte, weil sie lange dauert und teuer ist. Nachdem ich also den Entschluss gefasst hatte, eine andere Therapie (irgendeine!) zu beginnen, schrieb ich Anfang 1982 einen Brief an den Bund deutscher Psychotherapeuten in meiner Heimatstadt und bat um die Vermittlung eines Therapeuten.

Kurze Zeit später nahm daraufhin eine Psychologin Kontakt mit mir auf, die mir Gesprächspsychotherapie anbot. Ich wusste nichts über Erstgespräche, Probesitzungen, Bedenkzeit oder Arbeitsbündnis und war mir auch nicht im Klaren darüber, wie ein therapeutisches Setting in der Gesprächstherapie aussieht. Ich nahm einfach das Angebot an und begann die Therapie sozusagen in aller Unschuld. Dass ich mich auf einen Zeitraum von etwa zweieinhalb Jahren einließ, ahnte ich damals noch nicht.

Das erste, was mir begegnete, war ein umfangreicher Fragebogen mit unendlich vielen, sehr detaillierten und oft widersprüchlichen Fragen, die ich undifferenziert mit „stimmt" oder „stimmt nicht" beantworten sollte. Dieser Bogen, so wurde mir erklärt, diene der Erhebung meiner Schwierigkeiten und werde am Ende der Therapie nochmals ausgefüllt, um im Vergleich feststellen zu können, ob und in welchem Maße sich etwas verändert habe.

Ich mochte diesen Bogen nicht! Es war mir viel zu schwierig, auf manche Fragen Antworten zu geben und er legte mich auf Positionen fest, die so einseitig fast nie stimmten. Sang ich morgens beim Aufstehen nie? Fühlte ich nie den Impuls, jemanden zu bestrafen, der mir etwas getan hatte? Stimmte es immer, dass ich mich entspannen konnte? War ich dem Leben im Allgemeinen immer gewachsen?

Ich wollte eine gute Klientin sein und füllte also den Bogen aus. Er sollte schließlich nicht das Entscheidende bei meiner Therapie sein. Und tatsächlich war der Ablauf der Stunden viel entscheidender. Auge in Auge saßen wir uns gegenüber, die Therapeutin und ich, und ich breitete mein Leben vor ihr aus, alle meine ungelösten Fragen, meine Schwierigkeiten, meine Misserfolge. Und ich gab mir sehr viel Mühe. Ich strengte mich entsetzlich an, etwas zu erreichen.

Immerhin gelang es mir im Laufe der Zeit, vieles zu verstehen, was in meiner Familie und in meiner Kindheit nicht gestimmt hatte, und ich stellte in den zwei Jahren mit Erstaunen fest, dass ich als Kind unglücklich gewesen war. Das hatte ich nicht vermutet. Eine meiner ersten Behauptungen, mit denen ich mich in der Therapie vorgestellt hatte, war sogar gewesen, dass meine Geschwister und ich eine glückliche Kindheit gehabt hätten. Nun stimmte das nicht mehr, und ich brauchte lange, um vollständig zu begreifen, dass ich vieles Schlimme einfach nicht wahrgenommen hatte.

Das war allerdings kein Wunder, denn rein äußerlich betrachtet hatten wir stets den Eindruck erweckt, eine harmonische, liebevolle Familie zu sein. Das betonten alle, die uns besuchten oder für längere Zeit bei uns wohnten. Bis zu einem gewissen Grad war das wohl auch richtig gewesen.

Ich war mit sechs Geschwistern aufgewachsen und befand mich genau in der Mitte der Reihe. Über mir hatte ich zwei Brüder und eine Schwester, und nach mir kamen ein Zwillingspärchen und zum Schluss noch ein Bruder. Die drei älteren Kinder waren Halbgeschwister, da die erste Frau meines Vaters gestorben war. Das hatte aber für uns nie eine Rolle gespielt. Meine Eltern hatten es in meinen Augen verstanden, uns alle gleich zu behandeln. Es sollte sich keines von uns Kindern vorgezogen oder zurückgesetzt fühlen. Das war Erziehungsprinzip gewesen und ging sogar so weit, dass man sich an kleinen oder großen Erfolgen nicht offen freuen durfte, damit die anderen nicht neidisch werden sollten.

Zu unserer Familie gehörten weiterhin meine Großeltern, später nur noch meine Großmutter, und wechselnde

Hausmädchen oder Familienpraktikantinnen, die bei uns wohnten. Da mein Vater evangelischer Gemeindepfarrer war, lebten lange Zeit hindurch auch immer wieder Vikare bei uns. Sie blieben etwa ein Jahr lang und bedeuteten für uns Kinder eine willkommene Abwechslung. Bei Tisch waren wir viele Jahre regelmäßig zwölf Personen, oft sogar mehr, wenn wir noch zusätzlich Besuch hatten.

Die Mahlzeiten, jedenfalls Mittagessen und Abendbrot, waren pünktlicher und unverrückbarer Familientreffpunkt. Tischgebete eröffneten und beendeten ihn. Wir erzählten viel beim Essen. Oft ging es lebhaft zu, wenn wir uns die Bälle gegenseitig zuwarfen und versuchten, uns untereinander an Witz und Schlagfertigkeit zu übertreffen. Aber ich erinnere mich auch daran, häufig stumm dabeigesessen und mich sehr allein und verschlossen gefühlt zu haben.

Schon als wir noch sehr klein waren, sang meine Mutter viel mit uns. Regelmäßig jeden Abend, bevor sie uns Gute Nacht sagte, saßen wir Kinder mit ihr zusammen, sangen mehrstimmige Lieder und hielten dann eine Andacht. Das war unser Abendritual, bis ich etwa zwölf Jahre alt war. Ich denke gern daran zurück. Mein Vater war übrigens nie dabei.

Die Musik war auch sonst von großer Bedeutung. Wir Kinder sollten alle ein Instrument spielen lernen. Das durften wir uns selbst aussuchen. So bekam ich von meinem neunten Lebensjahr an Geigenunterricht, später kam noch Klavierunterricht dazu. Gelegentlich musizierten wir im Familienkreis, besonders zur Gestaltung von herausragenden Festen.

Die großen christlichen Feste wie Weihnachten oder Ostern waren immer schön und wurden von meinen Eltern mit sehr viel Rücksicht auf uns Kinder gestaltet. Zwar gab es weder Weihnachtsmann noch Nikolaus oder Osterhase, die natürlich in einem christlichen Pfarrhaus keinen Platz hatten, aber auch ohne diese Gestalten waren es spannende, aufregende und tatsächlich meistens harmonische Feste.

Für die Harmonie und für den Familienzusammenhalt war meine Mutter zuständig. Sie bemühte sich sehr darum, auch später, als wir anfingen, eigene Wege zu gehen. Zu meinen Geschwistern hatte ich nämlich kaum Kontakt. Das hatte schon in der Zeit begonnen, als ich noch zu Hause lebte. Wir alle hatten großen Abstand untereinander, aber das fand ich ganz normal und wunderte mich, wenn ich es in anderen Familien anders erlebte. Ich hatte ohnehin immer Schwierigkeiten gehabt, meinen Platz zu finden. Für die Großen war ich zu klein und zu den Kleinen gehörte ich schon deshalb nicht, weil die Zwillinge für mich eine Einheit bildeten und mir wie eine Front erschienen, gegen die ich sowieso keine Chance hatte und denen gegenüber ich mich hoffnungslos unterlegen und im Hintertreffen fühlte. So hielt ich mich oft am Rand und zog mich immer mehr zurück, je älter ich wurde.

Das war es, was ich über mich und meine Familie mitteilen konnte, als ich die Therapie begann. Sehr langsam entdeckte ich ein wenig mehr.

Ich besprach, wie schwierig es war, in einer Familie mit sieben Kindern aufzuwachsen und immer teilen zu müssen. Ich erkannte, dass mein Vater, den ich für einen durchschnittlich netten und verständnisvollen Mann gehalten hatte, autoritär gewesen war. Ich stellte fest, wie sehr ich darunter gelitten hatte, dass in meiner Geschwisterreihe Zwillinge folgten, als ich erst vierzehn Monate alt war, und ich sprach über den Neid, den ich ihnen gegenüber empfunden hatte.

Ich spürte eine ganze Menge von diesen Dingen während meiner Gesprächstherapie auf, denn um das Erkennen ging es dort in der Hauptsache. Dennoch steckte ich dauernd fest und hatte das dumpfe Gefühl, zum Eigentlichen nicht vorzustoßen. Wie oft saß ich auf meinem Stuhl, suchte krampfhaft und verbissen in meinem Kopf nach Sätzen, die ich sagen wollte und konnte doch weder die richtigen Worte dafür finden, noch genau fühlen, was mit mir los war. Es rotierte und rumorte in mir, blieb aber diffus und unsagbar. So unsagbar, dass ich noch nicht einmal diese Tatsache benennen konnte. Ich war aber weiterhin höflich und beflissen und sehr ängstlich und hörte nicht auf, mich zu bemühen.

Da ich regelmäßig jede Woche zur Gesprächstherapie ging, konnte ich dort wenigstens meine Alltagssorgen loswerden – und das war schon viel wert. Im Großen und

Ganzen fühlte ich mich auch verstanden und angenommen, doch wurde mir immer deutlicher, dass ich eigentlich tiefer hinabsteigen wollte. Dabei wusste ich aber nicht, was tiefer bedeuten könnte und wo und wie ich da herankommen würde. Ich merkte nur, dass mir das Reden über meine Probleme nicht reichte und mich im Innersten, da, wo es wirklich schwierig, schwarz und unfassbar war, nicht erreichte.

So beendete ich nach zweieinhalb Jahren die Therapie mit dem Gefühl, hier nicht weitergehen zu können. Gleichzeitig war ich an einem Lebensabschnitt angekommen, an dem ich glaubte, ohne weitere psychotherapeutische Hilfe auskommen zu können, da es mir besser ging und ich zu der Zeit eine, wie ich fand, befriedigende Beziehung zu einem Mann aufgebaut hatte.

Das zeigte auch der erneut ausgefüllte Fragebogen. Aber er zeigte auch, dass noch einiges offengeblieben war.

Leider hielt das Gefühl, dass es mir gut ging, nicht allzu lange an. Meine Beziehung zerbrach schneller, als ich es vermutet hatte. Die alte Ratlosigkeit Männern gegenüber stellte sich wieder ein und dazu das verzagte Gefühl, in diesem Punkt ahnungslos und ungeschützt immer aufs Neue in die gleichen Fallen zu laufen. Wieder ging ich also auf die Suche nach Antworten, Hilfestellungen und einem tieferen Verständnis meiner Schwierigkeiten.

Irgendwann entdeckte ich die Bioenergetik und machte dort eine kleine Weile erste Gruppenerfahrungen. Ich erlebte verblüffende und unvermutete Reaktionen meines Körpers, machtvolle Explosionen von Tränen und Wutausbrüchen und hatte oft das Empfinden, nun sei der Knoten geplatzt, eine Barriere hinweggeschwemmt, ein Block gelöst. Jetzt könne alles anders werden.

Aber das war nicht so. Im Wesentlichen blieb alles, wie es war, auch wenn ich noch so verbissen an mir arbeitete — und das tat ich zeitweilig. Das immerhin war befriedigend: Wir arbeiteten ordentlich in unserer Gruppe und es geschah etwas, das war deutlich hör- und sichtbar. Auch dass die Bioenergetik als harte Therapieform galt, gefiel mir. Die aufreißenden Erlebnisse zeigten ja ganz klar, wie wirksam dieses Instrument war. Und so fing ich an zu überlegen, ob ich nicht eine Ausbildung als Bioenergetikerin machen sollte, um nicht mehr als Lehrerin arbeiten zu müssen.

Ich ließ jedoch diesen Gedanken bald wieder fallen. Mir fehlten einige berufliche Voraussetzungen und das nötige Geld. Viel mehr als all das fehlte mir aber nach einiger Zeit bei den bioenergetischen Erfahrungen trotz der eindrucksvollen Körperreaktionen die Erklärung und das Verständnis dafür, was das alles mit mir und meiner ganz persönlichen Geschichte zu tun hatte. Genauso wie vorher in der Gesprächstherapie fühlte ich auch hier, dass ich vieles nicht sagen oder zum Ausdruck bringen konnte, weil ich die Worte dafür nicht fand. Wieder war ich an Grenzen gekommen, die mich hinderten, wirklich zu verstehen und in größere Tiefen vorzustoßen.

Meine Suche ging also weiter und führte über Zen-Meditation zu Tai Chi und zu gestaltorientierten Gruppenerfahrungen und kam schließlich an ein vorläufiges Ende, als ich mich entschloss, mich nebenberuflich zur Musiktherapeutin weiterzubilden.

Dieser Entschluss war sehr langsam in mir gewachsen und hatte, um überhaupt entstehen zu können, vieler Zufälle bedurft. Ich hatte mich an eine neue Schule versetzen lassen und musste dort plötzlich Musikunterricht geben. Das hatte ich verblüfft festgestellt, als ich am Anfang des Schuljahrs meinen Stundenplan durchlas. Zwar liebte ich die Musik und es hatte mir immer viel Spaß gemacht, selbst zu musizieren. Seit meinem zehnten Lebensjahr hatte ich dauernd in verschiedenen Orchestern mitgespielt oder Kammermusik gemacht. Meine Geige war beinahe ein Teil von mir. Lange Zeit hindurch war es deshalb meine Absicht gewesen, Musik zu studieren. Doch an der Schule Musik als Fach zu unterrichten, war eine andere Sache, fand ich. Zuerst tat ich es also ungern und mit großer Unsicherheit, dann jedoch merkte ich, dass sich mir plötzlich ein ganz anderer Zugang zu den Schülern auftat und dass sie sich viel mehr öffneten als in den anderen Lernfächern.

Ich experimentierte oft, probierte herum und entdeckte überrascht, dass es möglich war, mit Tönen, Klängen, Melodie oder Rhythmus vieles auszudrücken, was auf andere Weise nur schwer zur Sprache gekommen wäre. Das tat mir gut und den Kindern ebenfalls. Deshalb dachte ich, dass es noch viel wohltuender sein könnte, mit Musik nicht im schulischen Rahmen sondern ohne Zensurendruck und Rahmenpläne zu arbeiten. Erneut zog ich einen Berufswechsel in Betracht: Musiktherapie, um das Unsagbare sagbar zu machen.

III

ANALYSE – VON FRAU ZU FRAU

Mit diesem neuen Berufsziel vor Augen landete ich einige Jahre später an einem psychotherapeutischen Institut. Es war selbstverständlich, dass ich im Rahmen meiner Ausbildung eine Einzelanalyse – eine sogenannte Lehranalyse – durchlaufen musste, die sowohl von einem Mann als auch von einer Frau durchgeführt werden sollte. Daneben gab es eine dreijährige Selbsterfahrungsgruppe und die verschiedensten Seminare, die primär selbsterfahrungsorientiert alles Nötige vermittelten.

Ich begann meine Analyse bei einer Frau. Wieder hatte ich jede Woche einmal regelmäßig meinen Termin, aber ich musste dazu in eine andere Stadt fahren. Das war aufwendig und dennoch tat ich es gern, denn ich fand spannend, bewegend und oft irritierend, was wir gemeinsam entdeckten. Auch hier hatte ich das Gefühl, angenommen zu sein und verstanden zu werden. Doch statt über verschiedene Dinge zu reden, erlebte ich jetzt, dass es darauf ankam, die Gefühle kennenzulernen, die mit bestimmten belastenden, schwierigen oder schlimmen Situationen verbunden waren. Es ging nicht nur darum, zu begreifen, was mit mir geschehen war, sondern nachzuerleben, was das bedeutet und was ich dabei empfunden hatte.

Das war eine schwere Aufgabe für mich! Sehr klar merkte ich immer wieder, wie weit weg ich von meinen Gefühlen war; wie wichtig es gewesen war, nichts zu spüren, um nicht daran zu zerbrechen. Wie viele Dinge hatte ich versteckt und sogar vor mir selbst geheim gehalten. Es gab jede Menge verborgener und einstmals verbotener Gefühle. Ganz allmählich wurde ich damit vertrauter und schloss von Neuem Bekanntschaft mit ihnen. Ich fing auch an, Wünsche zu haben und Bedürfnisse zuzulassen, selbst wenn sie gerade nicht passend waren, wie ich es als Kind immer wieder erlebt hatte.

Erneut war ich eine eifrige Klientin, die ihre Träume regelmäßig aufschrieb, mitarbeitete, gutwillig kooperierte und sich ungeheuer anstrengte. Es war harte Arbeit, die ich leistete und die ich bitter ernst nahm. Entsprechend ging es mir auch häufig schlecht. Ich war oft verstört, verzweifelt, traurig, voller Selbstanklagen, ratlos und ungeduldig. Richtig gut ging es mir selten und Spaß hatte ich fast nie dabei. Aber so musste das wohl sein, dachte ich immer: Per aspera ad astra. Irgendwann würde sich gewiss ein Erfolg einstellen und der regelmäßige Termin einmal in der Woche sowie der Eindruck, ordentlich zu arbeiten, gaben mir Halt und Sicherheit.

Heute beschreibe ich das mit einigem Abstand, aber damals empfand ich es tatsächlich so: Jede Sitzung, die nicht irgendwann einmal zu Tränen führte, schien mir kaum etwas wert zu sein und ich liebte die dramatischen Ausbrüche. Obwohl ich oft heroisch die Tränen wieder hinunterwürgte, bis sie mir wie ein Zementkloß im Bauch saßen, und ich die Kontrolle über mich nur selten verlor, hatte ich ein großes Bedürfnis danach, endlich diesen Gefühlen freien Lauf zu lassen. Dass ich mich in den Sitzungen häufig zu Emotionen hin zwang und gewaltsam mit mir umging, entging mir größtenteils. Als mich meine Analytikerin darauf aufmerksam machte, fand ich es nicht falsch, weil ich glaubte, dass ich mir nur auf diese Weise wirklich näherkommen konnte. Es dauerte sehr lange, bis ich davon schrittweise loskam und merkte, dass vielmehr das Gegenteil der Fall war.

Mir wurde im Laufe der Analyse erschreckend klar, wie allein ich als Kind trotz meiner vielen Geschwister gewesen war und wie wenig Liebe, Zuwendung und Zärtlichkeit ich erlebt hatte. Meine Eltern hatten sich zwar bemüht, alles richtig zu machen, hatten viel über Erziehung nachgedacht und hatten – natürlich – unser Bestes gewollt, aber es war für mich einfach zu wenig Platz und Aufmerksamkeit dagewesen. Wir Kinder hatten alle viel zu sehr gelernt, uns mit unserem Verstand über die fehlende Nähe hinwegzuretten und unsere unerwünschten Gefühle zu kontrollieren. Meine eindrücklichste Lektion, die ich vollständig verinnerlicht hatte, war, unauffällig und vernünftig zu sein, keine Forderungen zu stellen und mich zu bescheiden.

Ich stellte auch fest, wie viel Fremdheit ich meinem Vater gegenüber empfand. Er hatte sich Zeit seines Lebens hinter seiner Arbeit und seiner Amtswürde verschanzt und war, obwohl körperlich zu Hause ständig anwesend, doch nicht da für uns. Wir bekamen es eigentlich nur mit ihm zu tun, wenn er sich durch uns gestört fühlte und wütend mit uns schimpfte. Solange wir noch klein waren, konnte er nichts mit uns anfangen. Erst später, als wir „vernünftiger" wurden, begann er gelegentlich, Kontakt aufzunehmen.

Hinter dieser Familiensituation stand eine strenge christliche Moral, die größtenteils unausgesprochen blieb, aber wie eine bleierne Wolke über vielem lag. Dazu gehörte auch eine ausgeprägte Opferhaltung beider Eltern, ein schon fast perverses Bedürfnis, sich mehr aufzubürden, als sie ohnehin schon zu tragen hatten. Die Sorge für oder um andere verstellte ihnen den Blick dafür, dass auch in der eigenen Familie oft ein Mangel an Wärme und Aufgehobensein bestand. Beide hatten es selbst als Kinder nicht anders erlebt und konnten nun auch nichts anderes weitergeben. So streng und karg, wie ich meine Kindheit zu empfinden begann, so ging ich auch mit mir und den anderen Menschen um.

Alle diese Zusammenhänge füllten sich für mich nach und nach mit lebendigen Gefühlen wie Angst, Verzweiflung und Traurigkeit, und am wichtigsten war, dass ich in dieser Zeit lernte, freundlicher und sanfter zu mir zu sein und mich nicht immer zu verurteilen. Aber das, was ich mir wünschte, nämlich Leichtigkeit, etwas mehr Selbstbewusstsein, Spaß am Leben und den Aufbau einer stabilen Beziehung, stellte sich nicht ein. Oft betrachtete ich mein Leben wie eine mühselige, entbehrungsreiche Wüstenwanderung. In der Analyse entstand dieses Wüstenbild auch leibhaftig.

Denn eine neue und wichtige Entdeckung war, dass ich Lust hatte, Bilder zu malen und dass ich malen konnte.

Jedenfalls gefielen mir meine Bilder, auch wenn sie gewiss nicht künstlerischen Ansprüchen genügten und sich an keine technischen Feinheiten hielten. Seit meiner Schulzeit hatte ich Farben und Zeichenblock nicht angerührt und trug Erinnerungen an ungeschickte, misslungene Zeichnungen mit mir herum, die mir schlechte Zensuren eingebracht hatten. Jetzt setzte ich mich einfach hin, wenn mir danach war, griff zu den Stiften oder zum Pinsel und es entstand wie von selbst, ohne dass ich mir etwas vorgenommen hatte, ein Bild, das von ganz innen kam. Auch wenn ich oft nicht wusste, was es bedeutete, fand ich es schön und freute mich über diese neue Fähigkeit.

Immer wieder einmal tauchte im Laufe der Zeit das Gefühl auf, dass es unter all dem nun schon Bekannten und Vertrauten Geheimnisse gäbe, die mir noch nicht zugänglich waren, dass Bereiche existierten, in die ich nicht hinuntersteigen konnte oder wollte, dass in irgendeinem Speicher Dinge schlummerten und auf Entdeckung warteten. Aber ich hatte ja die Gewissheit, noch einen Teil meiner Analyse vor mir zu haben, bei einem Mann.

Der Gedanke daran beunruhigte mich zeitweilig und als ich nach etwa zwei Jahren der Analyse auf die Suche nach einem männlichen Therapeuten ging, tat ich mich schwer. Im näheren Umkreis meines Wohnortes hatte ich schon vergeblich nachgefragt und dabei gemerkt, dass es eine schwierige Aufgabe für mich war, überhaupt Kontakt zu den Therapeuten aufzunehmen und mein Anliegen vorzutragen. Jedes Mal machten mir schon die Telefongespräche Angst. Es war mehr als eine Befangenheit. Ich fühlte mich klein, unfähig, mein Hals war zugeschnürt, ich schwitzte und es gelang mir kaum, zu erklären, was ich wollte. Wenn dann auch noch eine Absage dabei herauskam, war ich jeweils tief getroffen und verstört.

Und da geschah es! Wieder einmal hatte ich ein Telefongespräch mit einem Therapeuten gehabt, das mir eine Absage einbrachte. Damit fuhr ich in die Analyse zu meiner Therapeutin.

IV

EIN TRAUMA TAUCHT AUF

Ich sitze auf dem Sofa in dem kleinen, vertrauten Raum und wie so oft gleitet mein Blick über die Buchrücken auf den Regalen und bleibt an der Schiebetür hängen, deren Holzmaserung mich von der ersten Stunde an wieder und wieder beschäftigt. Lanzenspitzen oder exotische Blattgewächse stelle ich mir vor, wenn ich darauf sehe, und ich umfahre immer dieselbe Stelle mit den Augen. Das Holz ist Blickfang und Halt zugleich, wenn ich nicht weiter weiß, wenn die Gedanken oder Erinnerungen mich überfluten oder wenn ich aus Trotz, Scham oder Hilflosigkeit den Kontakt verweigere. Manchmal fangen die Gewächse auch meine Konzentration ein: Wenn tausend Ideen gleichzeitig durch meinen Kopf schießen und meine Augen hin- und herwandern wollen, ist hier der Ruhe- und Sammelpunkt.

So ist es heute. Ich bin dabei, von dem letzten erfolglosen Telefongespräch zu erzählen und bemühe mich, die Gesprächsatmosphäre zu schildern. Während ich auf die Lanzenspitzen schaue, bemerke ich, wie mich eine große Unruhe erfasst und Abneigung und Widerwillen langsam meinen ganzen Körper bis in die letzte Pore hinein erfüllen. Der Gedanke, mich in der Therapie einem Mann anzuvertrauen, scheint mir völlig absurd, und als ich mir eine solche Situation genauer ausmale, schaudert es mich.

Ich spreche weiter, doch das Gefühl wächst und wird stärker, sodass ich schließlich kaum noch in der Lage bin zu reden. Plötzlich stoße ich voller Erbitterung hervor: „Und überhaupt kann ich mir Therapie bei einem Mann gar nicht vorstellen. Ich will das gar nicht! Wahrscheinlich sitze ich nur da und lasse es über mich ergehen!"

Meine Therapeutin sieht mich forschend an. Dann sagt sie, sehr sachlich: „Wenn Sie diese Ausbildung zu Ende machen wollen, müssen Sie sich irgendwann zu einer Analyse bei einem Mann entschließen."

Ich breche unvermittelt und für mich selbst überraschend in Tränen aus. Unter Schluchzen schleudere ich heraus: „Aber ich finde es so grässlich! Das ist mir alles zu nah und ich will nicht, dass ein Mann etwas von mir erfährt. Ich will es einfach nicht."

Die Frau mir gegenüber bittet mich, die Augen zu schließen, wie ich es auch vorher schon oft getan habe, und sie fragt behutsam: „Wer soll nichts von Ihnen erfahren? Welcher Mann ist es denn?"

In meinem Kopf purzeln die Gedanken durcheinander. „Mein Vater natürlich!", denke ich. „Wer sonst? Mein Vater, der nie für mich da war, der mir keine Wärme, keine Geborgenheit, keine Zärtlichkeit geben konnte, sondern immer nur Vernunft, Einsicht und prompten Gehorsam forderte." Aber indem ich das noch denke, macht es plötzlich klick in meinem Gehirn, als würde jemand einen Schalter umlegen oder als würde ein Vorhang weggerissen, der die ganze Zeit über da war, ohne dass ich ihn gesehen hatte, und ganz klar entsteht hinter meinen geschlossenen Augen eine Szene.

Ich bin zwei oder drei Jahre alt. Sehr klein stehe ich vor unserer Haustür, zu der ein paar Stufen hinaufführen, und blicke zu einem Mann empor, der wenige Meter von mir entfernt ist. Furchtbar groß erscheint er mir. Er ist in einen langen, altmodischen Mantel gekleidet und trägt einen Hut, wie auch mein Vater einen besitzt. Aber es ist nicht mein Vater, es ist ein fremder Mann, der dort steht. Ich habe Angst vor ihm. Er will etwas von mir, das spüre ich genau. Mein Atem wird schneller und flacher. Eigentlich möchte ich weglaufen, aber die Angst lähmt mich. Ich mache ein paar Schritte rückwärts und drücke mich mit dem Rücken an die Hauswand. Mich klein machen, in einem Mauseloch verschwinden oder plötzlich unsichtbar sein, das möchte ich. Doch es nutzt nichts, der Mann kommt näher. Er sagt: „Ich tu dir nichts! Komm, sei schön artig!" Und er verspricht mir irgendetwas, was ich nicht verstehe.

Meine Angst schnürt mir die Kehle zu. Ich will hier nicht sein. Wo ist meine Mutter? Ich wünsche mir meine Mutter herbei! So verzweifelt wünsche ich mir das, dass ich sie sehen kann. Sie kommt lächelnd in ihrem geblümten Kleid die Treppenstufen hinab und ich kann mich an sie klammern, mich von ihr trösten und beschützen lassen. Aber dann merke ich, dass das nur in meiner Fantasie so ist. In Wirklichkeit bin ich hier ganz allein und der große, fremde Mann ist ein paar Schritte herangekommen. Er ist jetzt ganz nah bei mir, er reißt mich grob und rücksichtslos hoch, presst mich an sich, ein widerlicher Dunst von Zigarren und Alkohol betäubt mich fast. Ich will schreien, aber ich kann nicht, ich will mich wehren, aber ich habe keine Kraft, die Arme halten mich umklammert ...

Die Szene reißt ebenso abrupt ab, wie sie auftauchte. Mir wird bewusst, dass ich auf einem Sofa sitze und nicht ein kleines Mädchen sondern eine Frau von Mitte dreißig bin.

Ich sage nur noch: „Es ist so eklig!" Und dann weine und weine ich. Das Schluchzen schüttelt meinen ganzen Körper.

Irgendwo von ganz tief unten kommt es, ich kann nicht aufhören damit. Als wäre ein fester Damm plötzlich gebrochen und ließe den ganzen Inhalt des Reservoirs dahinter frei. Es tut gut zu weinen. Allmählich lassen Anspannung und Angst dabei nach und ich werde ruhiger. Jetzt möchte ich nur noch nach Hause, zurück in die Geborgenheit meiner Wohnung, mich im Bett einkuscheln, in Sicherheit und Wärme aufgehoben sein. Die Stunde ist ohnehin zu Ende. Jedes Angebot, mich nach diesem Ausbruch erst einmal auszuruhen, lehne ich ab. Ich will nicht in „der Fremde" sein, ich will bei mir zu Hause sein, auch wenn mich davon noch anderthalb Stunden Fahrzeit trennen.

Irgendwie bringe ich die Fahrt hinter mich. Alles, was ich gerade erlebt habe, packe ich erstmal ganz weit weg und konzentriere mich auf den Verkehr. Aber die anderen Autos, die Straße, den einsetzenden Regen nehme ich nur wie durch einen dichten Schleier wahr. Bei solchen Gelegenheiten ist auf meinen Schutzengel immer Verlass. Zum Glück! Trotzdem wundere ich mich, dass ich nach einer solchen Erschütterung noch einigermaßen normal funktionieren kann.

Als ich zu Hause angekommen bin, erledige ich als erstes wie getrieben einige ganz gewöhnliche, praktische Hausarbeiten, wasche ab und bringe im Badezimmer ein Regal an. Dabei bemühe ich mich, nicht zu viel nachzudenken, nur in einem sehr entfernten Winkel meines Kopfes denkt es unentwegt. Schließlich spüre ich meine Erschöpfung und gehe früh ins Bett.

Ich schlafe wie ein Stein. Mitten in der Nacht aber bin ich plötzlich hellwach und das Erlebnis vom Nachmittag steht mir wieder in allen Einzelheiten vor Augen. An Schlaf ist nicht mehr zu denken. Jetzt halte ich es auch im Bett nicht mehr aus. Alle Gefühle sind auf einmal wieder da – und dazu ist mir körperlich entsetzlich übel. Der Magen scheint sich mir umzustülpen. Hastig stürze ich ins Bad, weil ich fürchte, mich sofort übergeben zu müssen, aber es kommt nichts heraus. In meinem Mund ist ein ekelhafter Geschmack von Alkohol und kaltem Zigarrenrauch und ich brauche nur an die Begebenheit von heute zu denken, dann würgt mich die Übelkeit. Ich laufe in meinem Zimmer auf und ab, halte meinen Magen fest und jammere leise vor mich hin. Irgendwann kommen auch wieder Tränen, aber es ist ein anderes Weinen jetzt, das von einer ungeheuren Unruhe bald gestoppt wird.

Ich muss unbedingt etwas tun, was mir hilft. Was kann ich jetzt mitten in der Nacht tun? Zuerst versuche ich aufzuschreiben, was ich erlebt habe, aber ich kann keine Worte dafür finden, fühle mich vollständig hilflos und mundtot gemacht. Gibt es keine Worte für das, was geschehen ist? Und was ist überhaupt wirklich geschehen? Wer war der fremde Mann? Was hat er mit mir gemacht? War das, was ich gesehen und erlebt hatte, eine Erinnerung an etwas, das tatsächlich stattgefunden hat? Wie konnte so etwas direkt vor unserer Haustür passieren? Alle diese Fragen wirbeln durch meinen Kopf, während ich wieder durch die Wohnung laufe.

Schließlich kann ich doch etwas aufschreiben. Es fließt, ohne dass ich dabei denken muss, aus mir heraus und wird ein Gedicht, das meine Fragen mit einschließt. Aber es reicht noch nicht, um mich ruhiger zu machen. So hole ich meine Stifte und meinen Zeichenblock und beginne zu malen, wie es in mir aussieht. Dabei fühle ich mich allmählich besser. Jetzt merke ich auch, wie sich langsam wieder die Müdigkeit einstellt. Als das Bild fertig ist, kann ich dann auch zurück ins Bett gehen.

Die nächsten Tage und Wochen über war ich damit beschäftigt, alles zu verdauen und einzuordnen. Dabei zog ich mich teilweise sehr zurück, insbesondere Männer konnte ich in meiner Nähe nur schwer ertragen und hatte oft ganz aggressive Impulse ihnen gegenüber. Teilweise fühlte ich mich vom Hass auf Männer geradezu zerfressen oder vergiftet. Das war schwer auszuhalten.

Ich versuchte herauszufinden, ob es ein reales Erlebnis gewesen war, aber es konnte mir niemand weiterhelfen. Weder meine Eltern noch die Geschwister, die ich danach fragte, konnten sich einen Reim darauf machen.

Endlich merkte ich, dass es nicht darauf ankam, ob es Wirklichkeit war oder nicht. Für mich hatte es ganz offensichtlich eine immense Bedeutung und nur das zählte. Mir war klar geworden, warum mir fremde Männer Angst machten und warum ich es deshalb schwierig fand, mit einem fremden Therapeuten Kontakt aufzunehmen. Denn die Suche danach schien mir jetzt noch wichtiger als vorher zu sein.

Wochen später reifte in mir der Entschluss, meinen zweiten Teil der Analyse blockweise zu machen, also nicht mit regelmäßigen wöchentlichen Sitzungen, sondern im Abstand von einigen Wochen dann mehrere Stunden auf einmal zu nehmen. Als ich das ins Auge fasste, fiel meiner Therapeutin jemand ein, den sie mir sehr empfahl, weil er, wie sie meinte, so gründlich und gut arbeitete. Er wohne allerdings in London, aber käme in Abständen nach Deutschland und führe dann Analysen durch.

Sie vermittelte mir seine Adresse und als ich den ersten Teil der Analyse im Jahr 1988 abgeschlossen hatte, schrieb ich ihm, um zu fragen, ob er meine Analyse übernehmen würde. Einige Wochen lang hörte ich nichts von ihm.

Dann musste ich im Rahmen meiner Ausbildung zu einem Seminar fahren und stellte fest, dass er zur gleichen Zeit dort ein anderes Seminar leitete. Also würde ich ihn persönlich sehen und sprechen können und hatte die Gelegenheit, ihn selbst zu fragen, ob er bereit war, mit mir zu arbeiten. Mit viel Spannung darauf fuhr ich hin.

V

DER ERSTE KONTAKT

Ich bin voller Neugier und überlege, ob ich herausfinden werde, wer Peter Heinl ist, ohne dass ich jemanden fragen muss, der ihn kennt. Es wäre schön, wenn ich ihn einfach so entdecken könnte, um mir schon einmal von Weitem ein Bild von ihm zu machen, ohne mich selbst vorstellen zu müssen.

Am Ausbildungsinstitut angekommen, fange ich an, im Esssaal die Gruppe am Nachbartisch unauffällig zu observieren. Es sind einige Männern darunter – wer von ihnen ist nun der Leiter? Manchmal erkennt man die Seminarleiter an ihrem Gehabe: Sie treten mit sehr viel Bewusstheit für die eigene Wichtigkeit auf und verbreiten eine Atmosphäre von Kompetenz und Geschäftigkeit. Oder sie werden am Telefon verlangt, sodass man sie quer durch den Raum gehen sieht. Oder sie stehen in den Pausen bzw. abends nach den Sitzungen mit den anderen Seminarleitern im Gespräch zusammen. Doch nichts davon geschieht in den ersten beiden Tagen.

Es gelingt mir auch nicht, durch mein unablässiges Beobachten jemanden in der anderen Gruppe ausfindig zu machen, der im Mittelpunkt der Aufmerksamkeit steht oder immer wieder angesprochen wird. Schließlich habe ich mir jemanden ausgeguckt, von dem ich mir wünsche, er möge Peter Heinl sein, denn ich finde, er sieht freundlich und warmherzig aus.

Aber um wirklich Klarheit zu gewinnen, entschließe ich mich endlich, meine Seminarleiterin zu fragen. „Wer ist eigentlich der Peter Heinl?", wende ich mich beim Frühstück möglichst beiläufig an sie. „Der dort neben dem Mann mit dem roten Pullover." Sie deutet auf einen der Männer und ich bin enttäuscht. Der im roten Pullover wäre mein Tipp gewesen. Nie hätte ich gerade den anderen in Betracht gezogen. Es ist der Unauffälligste aus der gesamten Gruppe: Brille, ein beiger Pullover, graue Hose. Ich finde, dass er aussieht wie ein Bankbeamter. Nichts Beeindruckendes, keine besondere Ausstrahlung, keine Spur vom Nimbus eines Wunderheilers. Er wirkt einfach völlig durchschnittlich. Das Bild, das ich mir innerlich anscheinend von ihm schon gemacht hatte, ohne dass mir selbst das klar war, ist ins Wanken geraten. Ich brauche eine ganze Weile, um mich damit abzufinden, dass Peter Heinl nun einmal dieser Mann ist und so aussieht, wie er eben aussieht.

Da ich nun weiß, wer er ist, spricht eigentlich nichts mehr dagegen, mit ihm direkt Kontakt aufzunehmen. Oder doch? Ich fühle eine unerklärliche Scheu davor, auf ihn zuzugehen, ihn zu begrüßen und mich vorzustellen. Er wird befremdet reagieren, male ich mir aus, wird mich vielleicht abweisen, nicht bereit sein, mit mir in diesem Rahmen zu sprechen. Außerdem mag ich ihn nicht stören, wenn er gerade beim Essen sitzt und im Gespräch mit anderen ist. Das Gefühl, nicht willkommen zu sein, kenne ich nur allzu gut und möchte es mir bei ihm ersparen. So beschließe ich, erst einmal abzuwarten, bis sich eine günstige Gelegenheit bietet, ihn zu sprechen, wenn er allein ist. Möglicherweise laufe ich ihm ja rein zufällig über den Weg oder es trifft sich, dass er als einziger am Tisch sitzt und ich ihn dann erwische. Aber dieser Zufall tritt natürlich nicht ein. Vermutlich könnte ich auf ein solches Zusammentreffen monatelang warten in einem Haus, in dem ständig vierzig bis sechzig Menschen untergebracht sind und in dem gerade auch die Mahlzeiten immer lebendiger und lebhafter Mittelpunkt sind. Einen Tag lang halte ich diesen Zustand von Anspannung, ängstlicher Beobachtung und Erwartung durch, dann endlich bringe ich es über mich, zu ihm zu gehen, als der größte Teil seiner Gruppe schon vom Frühstück aufgestanden ist.

Ich habe mir ganz genau zurechtgelegt, was ich am Anfang sagen werde, denn ich habe Angst herumzustottern, verlegen zu sein und meine ganze Unsicherheit vielleicht allzu deutlich zu zeigen. Im Grunde fühle ich mich der Situation überhaupt nicht gewachsen! Deshalb bin ich auch zornig über mich und verachte mich dafür, dass ich nicht souveräner sein kann, da es doch um eine so simple Sache geht wie der, mich einfach nur jemandem vorzustellen und zu sagen, was ich möchte. Außerdem kann ich ja davon ausgehen, dass er meinen Brief bekommen hat und also wissen wird, wer ich bin, wenn ich meinen Namen nenne.

Dennoch kostet es mich enorme Überwindung, von meinem Stuhl aufzustehen, die paar Schritte durch den Raum zu machen und an seiner Seite stehenzubleiben. Mein Herz klopft wie wild, alles verschwimmt vor meinen Augen. Ich versuche ein zaghaftes Lächeln, spüre aber, dass es aufgesetzt ist und überhaupt nicht zu der Aufregung passt, die mich vollkommen beherrscht und jeden Winkel meines Körpers auszufüllen scheint. Noch nicht einmal richtig gucken kann ich. Meine Augen wandern unruhig hin und her. Dabei hätte ich gern Festigkeit und Klarheit in meinen Blick gelegt. Nichts davon ist möglich. Mir ist das fürchterlich peinlich. Aber nun muss ich da durch!

„Herr Dr. Heinl? Ich bin Regula Dammring. Ich habe Ihnen neulich einen Brief geschrieben", bringe ich mühsam mit leicht belegter Stimme heraus. Der Mann vor mir macht ein verwundertes Gesicht. Dann nickt er. „Ja, ich habe Ihnen gerade gestern zurückgeschrieben. Ich konnte Sie telefonisch in den letzten Tagen nicht erreichen, obwohl ich es immer wieder zu unterschiedlichen Zeiten versucht habe. Aber das ist ja auch kein Wunder, wenn Sie hier sind." Ich bin erleichtert und froh, dass ich nichts weiter erklären muss und er sofort orientiert ist, wie er mich einordnen muss und was ich von ihm will. Er verabredet mit mir, dass wir uns nach dem Mittagessen kurz zusammensetzen, um uns zu besprechen. So gehe ich zufrieden weg, meine Anspannung hat nachgelassen.

Während des Mittagessens schiele ich hin und wieder zu ihm hinüber, ob er schon fertig ist, aber er sitzt ruhig auf seinem Stuhl und scheint ins Gespräch mit seinem Tischnachbarn vertieft. Schließlich stehe ich unschlüssig auf, da erhebt auch er sich von seinem Sitz, führt mich in einen Nebenraum und schiebt mir einen Stuhl zurecht.

Eigentlich hatte ich gedacht, nun wäre die Gelegenheit, ihn mir in Ruhe ein wenig näher anzusehen, doch wieder schlägt mir das Herz bis zum Hals, wieder flackert mein Blick und kann nirgendwo Halt finden. Dazu merke ich, dass ich meine Muskeln um den Mund herum nicht beherrschen kann, sodass meine Lippen anfangen zu zittern, wenn ich mich nicht ganz stark kontrolliere. Eigentlich fühle ich mich total überfordert – und sehr neurotisch. „Er merkt es bestimmt!", denke ich. Ich presse die Hände zusammen und zwinge mich, ihm ins Gesicht zu blicken. Dann frage ich betont sachlich danach, wie und unter welchen Bedingungen eine Analyse bei ihm ablaufen könnte.

Aber alles, was er mir sagt, klingt vage, unbestimmt, noch ungeplant. Keine verbindlichen Zeiten, kein fester Ort, keine Zusicherungen oder Bedingungen. Es gibt nichts, was mir hilft, mich zu orientieren, oder mir den Rahmen vorstellen zu können, in dem es stattfinden würde. Im Laufe meiner „therapeutischen Jahre" habe ich sehr genaue Vorstellungen darüber entwickelt, wie Therapie vor sich zu gehen hat und wie das Setting sein muss. Hier passt allerdings nichts davon. Überhaupt scheint mir Peter Heinl innerlich mit ganz anderen Dingen beschäftigt und mit seinen Gedanken nicht bei mir zu sein. Er wirkt nicht so, als sei er unbedingt darauf aus, mich als Klientin zu gewinnen.

Das einzige, was nach zehn Minuten wirklich feststeht, ist der Termin, den er mir für ein zweistündiges Vorgespräch nennt: vier Tage später in Berlin. Wenn ich daran Interesse hätte, solle ich ihm in den nächsten beiden Tagen Bescheid geben, bevor sein Seminar zu Ende ist, damit er mir noch genauere Angaben zu Ort und Zeit machen könne. Ratlos und verwirrt gehe ich hinaus.

Es kommt mir vor, als stände ich mit leeren Händen da: nichts Greifbares, keine konkreten Anhaltspunkte, keine festen Rahmenbedingungen, Sicherheiten, an die ich mich halten und von denen ich meine Entscheidung abhängig machen könnte. Allerdings ist der Termin in Berlin ausgesprochen günstig, denn an dem Tag bin ich sowieso zufällig dort. Ein Mehraufwand wäre es also nicht, auch zu Peter

Heinl zu gehen. Warum nicht einfach probieren, was dabei herauskommt? Notfalls ist es eine gute Übung für das nächste Vorgespräch. Vielleicht bin ich dann schon souveräner? Auf unerklärliche Weise reizt mich die Ungewissheit, aber alle Leute, die ich in meiner Ratlosigkeit frage, reagieren skeptisch, schütteln die Köpfe. „Mach das nicht!", raten sie mir. „Es ist doch besser, die Analyse ganz regelmäßig zu machen. Du weißt ja jetzt gar nicht, worauf du dich einlässt." Ich überlege hin und her, komme aber nicht recht weiter damit.

In der darauf folgenden Nacht habe ich einen Traum. Peter Heinl und ich sind zusammen in einer therapeutischen Gruppe. Wir liegen bäuchlings auf dem Fußboden und sehen uns an. Er schaut sehr aufmerksam und wach zu mir hin und fragt dann: „Und wie haben Sie sich nun entschieden?" Die Atmosphäre ist entspannt und ich fühle mich bei seiner Frage frei, aber doch freundlich eingeladen.

Dieser Traum gibt den Ausschlag: Am nächsten Tag teile ich ihm mit, dass ich das Vorgespräch gern machen würde und lasse mir den Ort genau beschreiben.

VI

IN DER HÖHLE DES LÖWEN

In der Nacht vor dem ersten Gespräch mit Peter Heinl habe ich wieder einen Traum: Ich irre in Berlin herum und suche lange aufgeregt und vergeblich nach dem richtigen Haus, in dem die Analyse stattfinden soll. Endlich finde ich es, aber ich bin zehn Minuten zu spät. Peter Heinl steht wartend vor der Tür. Als ich ankomme, fasst er mich an der Hand und führt mich hinein.

Da ich es kenne, dass meine Träume gelegentlich im Voraus Dinge zeigen, die dann auch tatsächlich eintreffen, gebe ich mir besonders viel Mühe, pünktlich zu sein.

Ich bin angespannt und ängstlich im Gedanken daran, was auf mich zukommt, aber froh, dass ich Peter Heinl wenigstens schon kenne. Früh breche ich auf. An der richtigen U-Bahnstation steige ich aus, die angegebene Straße entdecke ich gleich, ein Stadtplan steckt in meiner Tasche, nun muss ich nur noch das Haus finden. Es hat die Hausnummer 27a. Eine Pension Erica soll es sein. „Es ist schon ein bisschen merkwürdig, sich mit einem Therapeuten in einer Pension mitten in Berlin zu treffen", denke ich. Nummer 27 ist ein Eckhaus an einer größeren Kreuzung und ich schlussfolgere, dass 27a sicherlich angebaut ist. Suchend gehe ich um das Haus herum, finde aber keine Spur von Pension Erica. Das Haus hat mehrere Eingänge, die ich alle sorgfältig überprüfe – nichts.

Langsam werde ich nervös. Der Traum sitzt mir noch in den Knochen. Wieso finde ich das Haus nicht? Es muss hier sein. Ich glaube mich zu erinnern, dass die Straße an dieser Stelle zu Ende ist. Nach der Kreuzung trägt sie einen anderen Namen. Noch einmal gehe ich beunruhigt zu den Eingängen, aber Fehlanzeige. Was soll ich nur tun? Ich frage einen Passanten, der aus einem der Häuser kommt. Er hat nie von dieser Pension gehört. Aufgeregt drehe ich mich hin und her. Wen kann ich noch fragen? Oder soll ich telefonieren? Die Nummer habe ich ja. Wo ist eine Telefonzelle? Dabei entdecke ich im Nebenhaus einen Buchladen und mache dort hektisch noch einen Versuch zu fragen. Auch der Verkäufer kennt die Pension Erica nicht. Er tröstet mich damit, dass schon mehrere Leute bei ihm nach ihr gefragt hätten. Also bin ich nicht total falsch. Wie spät ist es? Sollte mich der Traum warnen? Das Haus muss hier in dieser Gegend sein. Ich fange an, an meinem Verstand zu zweifeln.

Als letzten Versuch laufe ich schließlich doch über die Straße. Und, was soll ich sagen, das dunkelgrüne, große Haus trägt die Nummer 27a und auf einem der vielen Klingelschilder steht unübersehbar „Pension Erica". Offenbar hatte ich auf dem Stadtplan nicht ganz genau gesehen, wo die Straße zu Ende war. Aufatmend drücke ich auf den Klingelknopf. Wie viele Minuten ich jetzt zu spät bin, weiß ich nicht, denn da sofort geöffnet wird, vergesse ich, auf die Uhr zu schauen.

Ich spähe in das riesige, dunkle Treppenhaus und bin erleichtert, dass mir Peter Heinl selbst öffnet und keine Pensionswirtin, der ich etwas erklären müsste. Er steht oben auf dem Treppenabsatz und erwartet mich, gibt mir die Hand und geht einen Etagenflur entlang voran, der beinahe die Ausmaße einer Bahnhofshalle hat, aber nicht sehr gut beleuchtet ist. Rechts und links gehen Türen ab. Wir laufen bis zum Ende durch. Dort öffnet er eine Tür und lässt mir den Vortritt. Ich komme in einen Raum, der mir durch seine unerwartete Enge und seine kühne Muster- und Farbgestaltung schier den Atem nimmt. Der größte Teil des Zimmers wird durch eine breite Doppelbettcouch eingenommen, die eine geschwungene Rückenlehne hat. Darauf treiben riesige dunkelbraune Blumen ihr Unwesen. Das Muster setzt sich auch auf dem Stoff der übrigen Couch fort, denn da nur eine Hälfte als Bett hergerichtet ist, kann ich den Verlauf der üppig rankenden Stiele, Blüten und Blätter auf der anderen Hälfte weiterverfolgen. Dazu ist das Bettzeug auf dem anderen Teil mit prangenden, orangegelben Rosen – jetzt aber klar erkennbar Rosen – bedeckt. Um das Bett kann man gerade eben herumgehen, denn an beiden Seiten gibt es Nachttische. Ein großer Schrank ergänzt das Mobiliar auf der einen Seite.

Gegenüber ist das Fenster mit einem kleinen Balkon. Man blickt in einen winzigen Innenhof, in dem Arbeiter das Wohnhaus nebenan lautstark renovieren. Zwei Bäume und ein Busch schaffen die Illusion eines kleinen Gartens. Ein Waschbecken ist dem Bett gegenüber angebracht, darauf stehen Rasierzeug und persönliche Waschutensilien. Zwischen Bett und Waschbecken ist gerade so viel Platz, dass man zwei Stühle stellen kann. Die wenigstens sind aus hübschem, hellem Holz mit einem unauffälligen Bezug und bilden dadurch einen gewissen Kontrast zu den übrigen Möbelstücken. Peter Heinl bietet mir den Stuhl direkt an der Tür zum Sitzen an. Ich könnte von da aus Tür und Bett gleichzeitig berühren.

Selbst zieht er sich den anderen Stuhl ziemlich nah an mich heran. Wir sehen uns an. Die Enge in diesem Raum und die eindeutige Ausrichtung als Schlafzimmer machen mich verlegen und ich fange an, mich wie ein Kaninchen vor der Schlange zu fürchten. Dabei würde meine Aufregung von vorhin schon reichen, um mich zu lähmen.

Peter Heinl lächelt mich an und fragt: „Was kann ich für Sie tun?" Diese Frage überrascht mich. Darauf weiß ich keine Antwort. Kann er überhaupt etwas für mich tun? Es ist doch so, dass man in der Therapie oder Analyse erst gemeinsam herausfindet, um was es geht, und ich habe ja schon viel an mir gearbeitet. Soll ich da irgendetwas herausgreifen? „Das weiß ich noch nicht!", antworte ich schließlich und sage, dass mir dieses Zimmer noch so fremd sei. Er macht mich auf die Bäume draußen aufmerksam und die Ranken am Balkon und weist auf die draußen arbeitenden Männer hin.

Aber das nimmt mir nichts von meiner Unruhe und Angst und von der Ungewissheit, wie es weitergehen soll. Wie werde ich die zwei Stunden in diesem Raum aushalten? Was erwartet er von mir? Soll ich ihm etwas von mir erzählen? Das frage ich ihn schließlich. „Wie Sie möchten", sagt er mit einem leichten Achselzucken, „das überlasse ich Ihnen." Das erschreckt mich noch mehr. Was soll ich tun? Ich kann diese Freiheit, die er mir lässt, nicht gebrauchen. Um die Zeit in dieser Enge zu überstehen, brauche ich von ihm eine klare Erwartungshaltung als Hilfe; genaue Anweisungen, was ich machen soll; einen Rahmen, der mich stützt; Eindeutigkeit, die mir Halt gibt. Ich weiß nicht, was ich sagen soll. Es scheint, als ob mir die Worte dafür fehlen, noch nicht einmal klare Gedanken habe ich.

Um nicht so lange schweigend dazusitzen, sage ich aus lauter Verlegenheit, dass ich nicht wisse, ob ich mir damit etwas Gutes täte, wenn ich hier nur erstmal zwei Stunden bei ihm hätte. Er erwidert, schon zwei Stunden könnten entscheidend sein, manchmal könnten sogar Sekunden ein Leben total verändern. Dann erzählt er mir von Ödön von Horvath, dem Dichter, der einer Wahrsagerin folgte, die ihm prophezeit hatte, wenn er nach Paris fahren würde, erwartete ihn dort der größte Moment seines Lebens. Er fuhr daraufhin nach Paris und wurde auf den Champs-Élysées von einem herabstürzenden Baum erschlagen. Nun bin ich völlig verwirrt. Warum erzählt mir Peter Heinl diese Geschichte? Will er mir Angst machen oder mich noch mehr durcheinanderbringen, als ich es sowieso schon bin?

Wieder tritt quälende Stille ein, die den Druck in mir wachsen lässt. Schließlich trete ich die Flucht nach vorn an und gestehe, dass ich eigentlich total angespannt bin und hauptsächlich Angst fühle. Peter Heinl fragt: „Ist das immer so?" Ich beeile mich zu versichern, dass mir das nur in Situationen so gehe, die neu für mich sind, oder wenn ich mich fremd fühle. Da müsse ich dann erst vorsichtig abschätzen, mich allmählich hineinfinden, langsam Vertrauen gewinnen. Ob das so stimmt, weiß ich in dem Moment selbst nicht.

„Dann ist es ja gut, dass Sie so dicht bei der Tür sitzen", meint Peter Heinl freundlich. „Es ist ja auch eine ungewöhnliche Situation mit einem wildfremden Mann so allein in einem kleinen Zimmer." Ich merke, wie das Panikgefühl in mir wächst, und blicke mich hektisch und wie gejagt um. Gibt es irgendwo einen Schlupfwinkel, in den ich mich verkriechen könnte? „Am liebsten würde ich mich jetzt verkriechen oder verschanzen oder wenigstens in eine dicke Decke hüllen, um mich zu schützen!", sage ich jämmerlich.

Peter Heinl schweigt. Er holt aus einem kleinen Aluminiumkoffer, der auf dem Bett steht, ein Stoffkaninchen und einen Löwen, nimmt seinen Stuhl, stellt ihn ganz hinten im Raum zwischen Bett und Fenster ab, dann setzt er das Kaninchen auf die Fensterbank vor sich, zieht den Löwen, der eine Handpuppe ist, über die Hand und setzt sich. Wie im Kasperletheater. Genauso aufmerksam und wie gebannt sehe ich auf den Löwen, der sich manchmal zu verstecken scheint, dann wieder ruckartig aufschaut und zum Kaninchen blickt. Mir ist beklommen zumute. Um mich zu entlasten und um auch etwas zu der Szene beizutragen, äußere ich, dass der Löwe ja ganz niedlich guckt. „Ja", antwortet Peter Heinl nur mit eigenartiger Betonung. Und ganz plötzlich stürzt sich der Löwe auf das Kaninchen, beutelt und würgt es und wirft es dann von sich.

Ich erschrecke fürchterlich und breche bestürzt in Tränen aus. Mir tut das Kaninchen so leid, das auf dem Rücken in einer Ecke liegt. Am liebsten würde ich es trösten. Mit einiger Überwindung stehe ich nach einer Weile auf, hole es mir schnell, setze mich wieder auf meinen Stuhl, drücke es an mein Herz und streichele es. Die Tränen fließen unvermindert weiter. Peter Heinl sitzt dabei und sagt kein Wort, aber ich mag und will ihn sowieso nicht ansehen.

Nachdem ich mich ein bisschen beruhigt habe, nimmt er den Löwen, holt eine Schnur aus dem Koffer, knüpft sie dem Löwen sehr eng um den Hals und hängt ihn am Fenstergriff auf. Ich bin entsetzt. Mein Hals wird mir eng und ich muss mühsam nach Luft ringen. „Der erstickt doch!", sage ich schließlich mit trockenem Mund. Wieder antwortet Peter Heinl nur mit dem „Ja" in dieser merkwürdigen Betonung. Den Löwen würde ich gerne abnehmen, aber ich traue mich nicht. Dazu müsste ich in die Ecke gehen, in der Peter Heinl sitzt, und ganz nah an ihn herantreten. Das kann ich nicht! Verzweifelt starre ich auf den gehenkten Löwen. Nach kurzer

Zeit nimmt Peter Heinl den Löwen ab und schleudert ihn auf den Fußboden. So weit weg von sich, dass ich es wage, das Kaninchen vorsichtig auf die freie Fläche der Bettcouch zu setzen und den Löwen ganz schnell und unauffällig zu holen.

Als erstes mache ich ihm die Schnur ab und zause ihm unschlüssig ein bisschen die struppige Mähne, dann knote ich ihm die Schnur lose wie ein Halsband wieder um, halte ihn an der Leine fest und setze ihn in einiger Entfernung vom Kaninchen auf das Bett. Die Distanz zwischen den beiden muss ich noch einige Male verändern, bis sie mir zu stimmen scheint.

Peter Heinl, der von seinem Stuhl aufgestanden ist und beobachtet, was ich tue, baut jetzt, ohne ein Wort zu sagen, aus Klötzen ein Kreuz und schiebt es in die Mitte zwischen Kaninchen und Löwen. Dann bindet er dem Löwen mit der Schnur den Schwanz am Fenstergriff fest. Ich gucke mir dieses Kreuz an. Ist das ein Grabstein? Der soll da nicht stehen, denn die beiden Tiere sollen sich angucken können. Nachdem ich eine Weile gezögert habe, weil ich unsicher bin, ob ich das wohl tun dürfe, räume ich das störende Kreuz beiseite.

Aber Peter Heinl nimmt neue Klötze. Diesmal einen weißen, auf den er einen dicken Stift aufrecht stellt. Wieder setzt er dieses Gebilde dazwischen. Der Stift sieht mit seiner roten Kappe aus wie ein Phallus. Energischer als vorher schiebe ich alles mit einer Handbewegung weg. Nun holt Peter Heinl einen blauen Klotz, lässt darauf drei winzige Plastikteddybären Platz nehmen und platziert das Ganze erneut in die Mitte. Die Teddys sind süß. Sie halten klitze-kleine Luftballons in ihren Tatzen. Ich nehme die niedlichen Teddys, sehe sie mir an und stelle sie in der Nähe des Kanin-chens auf. Den Klotz lege ich weg. Nachdem ich die Teddys noch eine Weile arrangiert habe, baue ich dem Löwen zwei rote Klötze vor seine Pfoten. Das ist mir sicherer, denn jetzt will ich ihm die Schnüre lösen: zuerst die um den Hals, danach die um den Schwanz.

Aufatmend lehne ich mich auf meinem Stuhl zurück und betrachte mein Werk. Mir fällt meine Familie dazu ein: Der zurückgezogene Vater, vor dem man sich in Acht nehmen muss, und die alleingelassene Mutter mit den Kindern.

Zum ersten Mal nach sehr langer Zeit spricht Peter Heinl wieder und fragt: „Wie fühlen Sie sich jetzt?" „Gut, ich bin ganz zufrieden!", sage ich, merke aber im selben Moment und unter seinem, wie mir scheint, erstaunten, jedenfalls aber aufmerksamen Blick, dass das nur die halbe Wahrheit ist. „Aber ich bin auch traurig", füge ich deshalb hinzu. „Was macht Sie traurig?", will er wissen. Ich deute auf die Stofftiere. „Die beiden kommen nicht zueinander. Ich kann sie nicht zusammenbringen", klage ich und bin schon wieder den Tränen nahe. „Aber Sie haben ja schon viele Hindernisse aus dem Weg geräumt", stellt Peter Heinl fest. Das tröstet mich nicht. Im Gegenteil spüre ich jetzt die Trauer über die Kluft zwischen Kaninchen und Löwen, die für mich längst Mann und Frau geworden sind, überdeutlich. Es scheint mir die dringendste Aufgabe der Welt zu sein, die Entfernung zwischen beiden zu überwinden. Peter Heinl legt nun ein Schneckenhaus in Reichweite und sucht aus einem Kartenspiel das Herz-As heraus und legt es unter einen dicken Klotz.

Merkwürdigerweise berührt mich das Schneckenhaus sehr. Ich nehme es und lasse einen kleinen Teddy, der dem Kaninchen am nächsten ist, aus ihm herauskriechen. Eine Weile passiert nichts, außer dass ich leise vor mich hin schniefe. Inzwischen bin ich von meinem Stuhl heruntergerutscht und knie neben der Bettcouch. Irgendwie muss ich näher an allem dran sein. Da ich so offensichtlich in einer Sackgasse bin, nimmt Peter Heinl jetzt einen großen, schwarzen, hohlen Klotz und mauert damit das Herz-As unter dem dicken Klotz ein. Dann schiebt er ein Kartenspiel in erreichbare Nähe.

Flüchtig sehe ich mir einige der Kartenblätter an. Die Hofkarten sind naturalistische Jugendstil-Abbildungen: Männer und Frauen in unterschiedlichen Lebenssituationen. Ohne nachzudenken oder zu wählen und zu entscheiden nehme ich sehr rasch die Karo-Königin, die ein bisschen aussieht wie die Unschuld vom Lande. Sie sitzt da und guckt mit dümmlichem Gesichtsausdruck in die Gegend. Diese Karte lehne ich aufrecht an einen Klotz. Gegenüber stelle ich den Kreuz-König auf. Das ist ein gefährlich wirkender Mann mit einer Pistole in der Hand. Da stehen sie nun, Aug in Auge, genauso unbeweglich und starr wie Kaninchen und Löwe. Ich bin ärgerlich und verzweifelt. Mir ist ganz deutlich, dass ich diese Aufgabe lösen muss. Nichts anderes ist wichtig. Es muss einen Weg geben.

Schließlich grabe ich das Herz-As aus, lege es offen oben auf den schwarzen Kasten, baue aber einen Grabstein darauf. Zwischen König und Königin breite ich den Rest des Kartenspiels aus. Auf den Kartenrücken sind nämlich Charlestonfiguren, die jetzt einen tanzenden Weg zwischen den beiden bilden. Dazu denke ich bitter, dass „die anderen" sich bei Tanz und Erotik vergnügen können, während ich mich dazu verurteilt fühle, wie die erwähnte Unschuld vom Lande dazusitzen und auf den Pistolenhelden zu starren.

Es vergeht wieder eine ganze Zeit. Irgendwann schiebt mir Peter Heinl unauffällig ein zweites, gleiches Kartenspiel zu.

Erst finde ich es überflüssig: wozu noch mehr Karten? Aber dann greife ich doch danach. Diesmal nehme ich mir Zeit, die Karten sorgfältig anzusehen. Mir fällt ein, dass ich Karo-Königin und Kreuz-König gar nicht mag. Ich werde sie austauschen! Zum Glück finde ich etwas Passendes. Ein König, der Blumen statt einer Pistole in der Hand hält. Die neue Königin sitzt da und spielt Harfe. Das erste Königspaar tippe ich kurz an, dass die Karten mit dem Gesicht zur Erde kippen und ersetze sie durch das neue Paar. Zufällig handelt es sich, wie ich jetzt erst erkenne, um Herz-König und Herz-Königin. Das hilft mir ein bisschen weiter, aber es dauert noch ein ganze Weile, bis ich endlich auf die Idee komme, aus den anderen Herz-Karten einen Weg von Königin zu König zu bauen. In die Mitte kann ich jetzt das Herz-As legen. Dort lasse ich das Königspaar sich treffen. Und nun ist es auch ganz leicht, den Löwen an das Kaninchen heranzurücken.

Als Peter Heinl mir probeweise noch zwei gelbe Klötzchen zuwirft, wehre ich ab. „Nicht mehr jetzt, es ist genug!" Das Einzige, was mich noch stört, ist, dass König und

Königin sich nicht ansehen können. Dafür findet Peter Heinl in seinem schier unergründlichen Koffer noch zwei kleine, undefinierbare Plüschtiere, die sich sogar an den Händen halten können. Die setze ich auf die Karten. Nun ist die Skulptur fertig.

Ich sage, als müsse ich mich entschuldigen: „Anfangs habe ich mir gar nicht vorstellen können, dass die beiden zusammengebracht werden können, aber so ist es richtig. Von meinem Gefühl her stimmt es." Peter Heinl fragt, ohne darauf einzugehen: „Können Sie eigentlich überhaupt irgendetwas mit dem anfangen, was passiert ist, seitdem Sie in diesen Raum gekommen sind?"

Daraufhin erzähle ich ihm in kurzen Worten, welche Szene ich während meiner vorangegangenen Analyse gesehen und erlebt hatte. Nachdem Peter Heinl einige Einzelheiten erfragt hat, sagt er, dass er vermute, dass mir dieser fremde Mann den Mund zugehalten und mir vielleicht die Luft abgedrückt oder mich gewürgt habe, sodass ich Todesangst ausgestanden hätte. Möglicherweise habe er mich dann fallen lassen oder „weggeworfen".

„Diese Todesangst und Panik bringen Sie jetzt in jede fremde Situation, insbesondere mit Männern, wieder ein", erklärt er mir. „Das führt zu einem ganz starken Fremdheitsgefühl Männern gegenüber, das Ihnen aber zugleich Schutz vor ihnen bietet. Das ist so, als wären Sie nach dem Trauma auf einer Insel aufgewachsen, auf der es keine Männer gibt, sodass Sie sie nicht kennen. Aber vor dem Trauma muss es eine Zeit gegeben haben, in der Sie auch positive Erfahrungen mit Männern haben machen können, denn Sie haben ja ein positives Modell in Ihrem Innern und haben es bauen können. Ich habe nur dagesessen und habe Ihnen ab und zu Teile zugespielt, gebaut haben Sie allein. Das können Sie also. Ohne die Erfahrung eines guten Vorbilds wäre das nicht möglich gewesen."

Mir fällt ein, dass bis zum Alter von etwa vier Jahren meine Großeltern bei uns wohnten und ich – wie die Familiensaga geht – ein inniges Verhältnis zum Opa gehabt haben soll. Genaue Erinnerungen daran habe ich allerdings nicht. Ebenso hatte ich eine enge Bindung an meinen nächstältesten Bruder. „Jedenfalls weiß ich genau, wie es sich anfühlen muss, wenn es eine gute Beziehung ist", ergänze ich. „Ja", bestätigt Peter Heinl, „und das Trauma verstellt Ihnen den Blick auf die Zeit davor. Wahrscheinlich brauchen Sie eine Struktur, in der Ihnen jemand Teile zuspielt, mit denen Sie dann bauen können. Es muss jemand sein, der auseinanderhalten kann, dass Ihre Angst sich nicht auf ihn bezieht, sondern einer anderen Situation gilt."

Es macht mir sehr viel Mut, dass Peter Heinl mich offenbar nicht als hoffnungslosen Fall betrachtet, aber klar denken kann ich im Augenblick nicht. Mir kommt es so vor, als hätte ich schwere Arbeit geleistet und in meinem Inneren das Unterste zuoberst gekehrt. Alles wirbelt durcheinander. Ich bin gerade noch geistesgegenwärtig genug zu bezahlen. Wie es weitergehen soll, verabreden wir auch irgendwie, doch kriege ich das nur noch halb mit und kann mich später nicht mehr daran erinnern. Beim Hinausgehen registriere ich, dass die Arbeiter draußen im Innenhof wohl schon längst Mittagspause machen. Ich hatte sie völlig vergessen, genauso wie die hässlichen Muster auf dem Bettzeug sowie der Couch und die Enge des Zimmers.

Peter Heinl begleitet mich bis zur Haustür, gibt mir die Hand und wünscht mir alles Gute. Dann stehe ich auf der Straße. Als ich auf die Uhr sehe, stelle ich fest, dass ich gute zweieinhalb Stunden in dem kleinen Raum zugebracht habe. Jedes Zeitgefühl war mir drinnen abhandengekommen. Genauso gut hätte die Zeit stehenbleiben können.

Wie in Trance gehe ich zur U-Bahn.

Das Gefühl, wie in Trance zu sein, blieb mehrere Tage lang erhalten. Auf der einen Seite war ich sehr weich und merkte, dass ich liebevoll und vorsichtig mit mir umgehen musste, auf der anderen Seite war ich aufgewühlt und durcheinander. Vieles, was ich bis dahin einfach nicht begriffen hatte, war auf einmal plausibel und verständlich geworden.

Dass ich mit Männern nicht zurechtkam, hatte ich mir immer zum Vorwurf gemacht und als Defizit erlebt. Ich hatte darunter gelitten, es aber nicht ändern können. Jetzt plötzlich war mir klar geworden, dass mein Verhalten Männern gegenüber einer inneren Logik gefolgt war und größtenteils einen scheinbar sehr notwendigen Schutz für mich bedeutete. Natürlich konnte ich nicht auf Männer, insbesondere mir fremde Männer, zugehen, wenn ich panische Angst, vielleicht Todesangst, davor hatte, die mich verkrampfte und mir einen realistischen Blick auf sie verstellte. Alle meine früheren Freunde hatte ich denn auch in Gruppensituationen kennengelernt, in denen ich mich in einem geschützten Rahmen befunden hatte und die mir ein allmähliches, vorsichtiges Kennenlernen und Herantasten gestatteten. Insofern hatte ich mir die Teile schon zuspielen lassen.

Dennoch hatte ich mir jeweils Männer herausgesucht, die selbst wenig Nähe geben oder zulassen konnten, sodass ich in gewisser Weise immer selbst den Abstand zu ihnen bestimmen konnte. Dass sie mir fremd blieben, weil ich sie als Fremde erlebte, fand ich jetzt einsichtig und konnte es einordnen. Immer wieder waren sie mir vorgekommen wie

Pistolenhelden, die irgendwann das Mordwerkzeug aus der Tasche ziehen würden. Vor allem das Entlarven der Todesangst erleichterte mich, weil ich immer wieder vergeblich versucht hatte, mir quälende Ängste in Begegnungen mit Männern auszureden. Lange Zeit hatte ich diese Ängste auch gar nicht wahrhaben wollen. Überdies hatte ich mir einen sehr wirkungsvollen Mechanismus zugelegt, unsichtbar zu werden, also völlig unauffällig zu bleiben, dass ich manchmal selbst ganz verblüfft über diesen Tarnkappeneffekt war. Oft funktionierte er sogar, ohne dass ich es wollte und hinderte mich an lebendigem Kontakt und Austausch. Auch die Wichtigkeit dieses Mechanismus verstand und akzeptierte ich jetzt besser.

Es war für mich außerordentlich befreiend gewesen zu erleben, dass ich in diesem meinem wundesten Punkt vollständig verstanden worden war, ohne dass ich etwas hatte sagen müssen. Ich hätte in der Situation in Berlin, so wie sie war, nichts herausbringen können. Worte und Gedanken waren mir ja gleich am Anfang gänzlich verlorengegangen und beim Spielen mit den Gegenständen waren sie unnötig geworden. Zwar hatte ich das Gefühl von ganz starker Konzentration und einem tiefen Hinabtauchen in mich selbst gehabt, die mich alles Äußerliche bis hin zu Peter Heinl selbst vergessen ließen. Aber ich war dabei auf einer Art anderen Ebene gewesen, die mit dem normalen Denken und Sprechen nicht viel zu tun gehabt hatte.

Trotzdem war jede einzelne Handlung für mich von ganz viel Bedeutung. Vieles davon konnte ich erklären und nach-vollziehen, anderes blieb weitgehend im Dunkeln, weil es unnötig schien, jede Einzelheit bis ins Letzte begreifen zu wollen. Es war einfach eine ungeheuer starke Erfahrung gewesen, Zeit zu haben, meinen Weg zu finden und bis zu Ende gehen zu dürfen. Dabei hatte ich Hilfen bekommen und war begleitet und angenommen worden. Und das alles war mit einem Mann möglich gewesen!

Für mich war sofort klar, dass ich bei Peter Heinl meine Analyse fortsetzen wollte – trotz der schlechten äußeren Bedingungen. Das schrieb ich ihm und er antwortete, dass er sich im Herbst verabredungsgemäß wieder melden wollte.

Also das war es, was wir am Ende der Sitzung noch bespro-chen hatten. Ich stellte mich darauf ein, die nächsten Monate in Ruhe abzuwarten und machte mich an die „Verdauungs-arbeit".

VII

MÄNNER SIND TÖDLICH FÜR FRAUEN

Als ich das nächste Mal nach Berlin komme, sind mehr als vier Monate vergangen. Die Umstände, unter denen die Analyse stattfindet, sind mir nicht mehr neu, sodass ich sogar die Pensionswirtin, die mir diesmal öffnet, gut ertragen kann. Auch ist das Zimmer größer und ich bin viel entspannter.

Kaum sitze ich, bietet Peter Heinl mir einen Kaffee oder Tee an. Ich bin überrascht und ein bisschen indigniert. Was ist das für eine Arbeitsatmosphäre, wenn man dabei Kaffee trinkt? Wie ich im Laufe der Zeit mit Peter Heinl feststellte, hatte ich sehr festgefahrene Vorstellungen darüber, was in einer Therapie oder Analyse zu geschehen hatte und was nicht und ich hielt mich streng an den von mir gesetzten, engen

Rahmen. Dass ich dadurch den Kontakt sehr entmenschlicht und ritualisiert gestaltete, bemerkte ich erst viel später. Ich musste meine Vorstellungen gründlich verändern und konnte nur ganz langsam aus der Rolle der bemühten und braven Klientin herauswachsen, die sich an bestimmte Spielregeln genauso halten muss wie der Therapeut.

Ich sitze also da und bin so überrumpelt von dem Angebot, dass ich es annehme. Als ich meinen Tee habe, kommt es mir aber doch ziemlich ungehörig vor, „dabei" etwas zu trinken, und ich lasse den größten Teil stehen. Wieder bin ich mit sehr viel Aufregung und Neugier gekommen und hatte überlegt, ob ich auch diesmal spielen dürfte, aber ich sehe den kleinen Koffer nirgends. Also werden wir wohl reden. Ob es mir heute besser gelingt?

Jedenfalls kann ich etwas berichten. Zuerst knüpfe ich an das an, was ich das letzte Mal bei Peter Heinl erlebt hatte, um dann ein bisschen zu jammern. Ich sage ihm, dass es für mich immer noch ganz rätselhaft und schwierig mit den Männern sei. Er meint dazu, dass ich mir doch etwas Zeit geben solle, da ich mehr als dreißig Jahre lang mit diesem Trauma durch die Gegend gelaufen sei. Das gebe ich zu, füge dann aber hinzu: „Aber ich habe nicht mehr unbegrenzt Zeit. Ich möchte gern Kinder haben. Jetzt bin ich sechsunddreißig. Die Möglichkeiten, noch Kinder zu haben, sind für mich beschränkt." Peter Heinl fragt: „Ist denn eine Beziehung mit Kindern für Sie überhaupt vorstellbar? Es hat ja vielleicht einen inneren Grund, dass es bisher mit einer erfüllenden Liebesbeziehung – auch im Hinblick auf Kinder – noch nicht geklappt hat."

Als ich versuche, mir eine glückliche und erfüllte Beziehung auszumalen, spüre ich plötzlich, dass Gefühle von Enge, Nicht-atmen-Können, Erstickt-Werden in meinem Körper auftauchen. „Ist das das alte Trauma oder ist das etwas anderes?", will ich von ihm wissen und füge artig hinzu, dass ich ja wisse, dass man in der Therapie solche Fragen nicht stellen darf. Aber hier darf ich das anscheinend, denn er geht auf meinen Einwand gar nicht ein, sondern gibt mir eine Antwort.

„Ich vermute, dass es etwas anderes ist, das mit Ihrer Mutter oder Ihrer Familie zusammenhängt", sagt Peter Heinl. „Es könnte sein, dass es einen Satz gegeben hat, der so ähnlich lautete wie ‚Männer sind tödlich für Frauen, auch im Hinblick auf Kinder'."

Einen Moment lang fühle ich mich wie vom Donner gerührt. Da äußert dieser Therapeut einfach ins Blaue hinein eine Vermutung, ohne vorher mit mir das Problem gründlich erarbeitet oder umrissen zu haben. Weder musste ich im Rollenwechsel z.B. ein Mann sein noch mit einem leeren Stuhl sprechen – und dann ist an dieser mir angebotenen Bemerkung sogar noch etwas dran. Sehr viel sogar! Ich merke, dass sein Satz, der vermutete Familiensatz, wie ein Blitz in mich fährt und mich ganz aufgeregt macht. Mit weit offenen Augen starre ich ihn an.

In meiner Familie gibt es mehrere dicht aufeinander folgende Fälle, in denen Frauen bei der Geburt ihrer Kinder im Kindbett gestorben sind. Meine Großmutter mütterlicherseits starb 1943 an einer Bauchfellentzündung wenige Tage nach der Geburt einer Tochter, die sie durch einen Kaiserschnitt auf die Welt gebracht hatte. Da war meine Mutter siebzehn Jahre alt.

Der einzige noch lebende Bruder meines Vaters verlor seine erste Frau, als sie nach der Geburt einer Tochter an einer Lungenembolie starb. Anderthalb Jahre vorher hatte mein Vater das gleiche Schicksal mit seiner ersten Frau erlebt: Nachdem sie 1950 einem Sohn – ihrem dritten Kind – das Leben geschenkt hatte, war auch sie an einer Lungenembolie gestorben.

Ich wurde drei Jahre darauf als erstes Kind der zweiten Frau meines Vaters geboren. Meine Mutter hatte natürlich durch diese tragische Häufung von ähnlichen Geschicken in der Familie jedes Mal Angst vor ihren Geburten gehabt. Peter Heinl vermutet, dass diese Ängste atmosphärisch sicher für mich spürbar gewesen seien. Da ich meiner Mutter besonders nahestand, hätte ich vermutlich, zumal als erstes Kind, besonders viel davon mitgekriegt. Vielleicht hätte es auch eine besondere Form von Lebensangst meiner Mutter gegeben.

Dazu fällt mir eine Menge ein. Eigentlich wollte meine Mutter Diakonisse werden, aber mein Großvater hatte das nicht zugelassen. Als meine Mutter meinen Vater heiratete, tat sie das deshalb aus religiösen Motiven. Sie empfand es als eine von Gott geschickte Aufgabe, seinen drei Kindern eine gute Mutter zu sein, hatte aber große Angst vor näherem Kontakt zu ihm, insbesondere vor sexuellem. Dass sie nie an Sexualität Spaß gehabt hatte, hatte sie mir schon vor vielen Jahren einmal erzählt. Als Beweis dafür gestand sie mir, dass sie bei meiner Geburt rein physiologisch noch Jungfrau gewesen war. Man hatte ihr das Jungfernhäutchen vor der Entbindung zum Amüsement der Hebammen und Ärzte durchschneiden müssen. Offenbar war sie in der sexuellen Begegnung mit meinem Vater so verkrampft und er seinerseits so vorsichtig und behutsam gewesen, dass ich trotzdem hatte entstehen können. Sie hatte gern Kinder bekommen wollen, das hatte sie selbst immer wieder betont, aber wohl am liebsten ohne den dazu notwendigen Mann. Eine unbefleckte Empfängnis also.

Ihren eigenen Erzählungen nach war sie begeistert und entzückt gewesen, mich zu haben, konnte das jedoch nicht so recht genießen, denn es quälte sie dauernd der Gedanke, dass sie mich deshalb auch bald wieder würde hergeben müssen. Jemand – vielleicht Gott? – würde mich ihr nehmen. Diese Geschichte hat mich immer schaudern lassen und ich musste dabei jedes Mal an Isaaks Opferung denken, die ja, Gott sei Dank, im letzten Moment doch noch verhindert wurde. Dass mich meine Mutter auf diese Weise sehr subtil aber doch zum Opfer gemacht hatte, zum Opfer ihrer eigenen Ängste und ihrer Lebensfeindlichkeit und Kontaktlosigkeit, hat sie nie durchschaut und würde es zudem nicht wahrhaben wollen.

Diese Zusammenhänge fallen mir ein, als Peter Heinl die Lebensangst meiner Mutter anspricht. Als die Zeit herum ist, ermuntert er mich, Bilder zu malen und vielleicht einen Familienstammbaum aufzuzeichnen. Aber ich solle mich jeden Tag nur ein bisschen damit beschäftigen, nicht mehr als eine Stunde.

Das war eine gute Warnung. Da ich gründliche Arbeit so liebte, stürzte ich mich sehr in die Familiengeschichte hinein, um recht schnell zu merken, dass mir das nur in vorsichtiger Dosierung gut tat. Ich wollte gern Beweise für Peter Heinls Vermutungen finden. Insbesondere bemühte ich mich, meiner Mutter einige Fragen zu stellen, um mir ein Bild davon machen zu können, wie es ihr vor ihren Geburten und speziell vor meiner gegangen war.

Wie ich erwartet hatte, beantwortete sie mir meine möglichst beiläufig gestellten Fragen eher ausweichend bzw. ging leichthin darüber weg. Es wurde mir deutlich, dass sie diese erste Zeit ihrer Ehe nicht in guter Erinnerung hatte und sie lieber ruhen lassen wollte. Auf der anderen Seite fürchtete sie bei solchen Gelegenheiten sehr schnell, dass sie überführt und für Versäumtes schuldig gesprochen werden könnte. Sie ahnte, dass sie vieles nicht „gut" gemacht hatte, und sie litt darunter. Aber sie hatte Angst, sich die Dinge einzugestehen und genau anzusehen, was sie zu bedeuten hatten.

Ich wollte sie schon lange nicht mehr anprangern oder mit ihr abrechnen. Auch wenn Alice Miller meint, dass Eltern ihren Kindern unverzeihliche Dinge antun, ging es mir nur darum, herauszufinden, was genau geschehen war, die damit verbundenen Gefühle zu entdecken und die Zusammenhänge zu verstehen. Bisher hatte mir das immer weitergeholfen.

Immerhin erzählte sie mir, dass sie die ersten Monate ihrer Ehe als sehr belastend erlebt hatte. Sie empfand, dass sie als zweite Frau meines Vaters gegen den Schatten der toten, geliebten Frau antreten musste. Auf einen Schlag war sie Stiefmutter von drei Kindern geworden, musste sich an einen Mann gewöhnen, den sie kaum kannte und nicht liebte und sich mit den Schwiegereltern arrangieren, die wegen der Wohnungsnot nach dem Krieg mit in dem großen Pfarrhaus lebten. Außerdem wohnte dort noch eine eifersüchtige Gemeindeschwester, die einiges versuchte, um ihr das

Leben schwer zu machen. Zudem fühlte sie sich nicht unbeobachtet, sondern unter der kritischen Begutachtung der gesamten Landgemeinde. Meine Mutter berichtete, dass die Anfangsjahre ihrer Ehe die schwierigste Zeit in ihrem Leben gewesen seien.

Dass sie allein durch diese Situation sehr überfordert war, kann man sich denken. Dazu kamen ihre eigenen Ängste vor Nähe und Sexualität. Umso glücklicher und stolzer war sie, wie sie mir erzählte, als sie mit mir schwanger war und ich dann geboren wurde. „Durch dich hatte ich erst das Gefühl, mit Recht dort zu sein. Das war wie eine Art Legitimation für mich." Sicher keine leichte Bürde für ein kleines Kind, das Dasein seiner Mutter zu rechtfertigen. Und wenn die Mutter selbst nicht vom Anrecht auf ihr Leben überzeugt ist, wie soll sie dann dem Kind den notwendigen Halt geben können? Stattdessen hatte ich ihr Halt geben sollen.

Da ich ihre erste leibliche Tochter war, hatten wir eine besonders starke Bindung aneinander. Sicherlich hätte sie alles, was mich von ihr hätte wegführen können – wie z.B. eine erfüllende Liebesbeziehung –, als eine Bedrohung empfunden, erklärte mir Peter Heinl später.

Dass sie mir von allen Geschwistern besonders vertraut und viel anvertraut hatte, wird auch darin deutlich, dass sie mir vor vielen Jahren ihr Tagebuch übergeben hatte, in dem es Aufzeichnungen gibt über die Zeit vor ihrer Ehe, als sie meinen Vater kennenlernte und bis zur Geburt der Zwillinge. Lange hatte ich mich gescheut, darin zu lesen. Ich fand es voyeuristisch, aber bei meiner Auseinandersetzung mit dem Unsagbaren oder Ungreifbaren in unserer Familie diente es mir als Quelle und Beweismittel.

So schrieb sie kurz nach der Verheiratung im Rückblick: „Ich habe dann immer sehr gebetet, dass Gott die Kraft mir geben und mir helfen möge, ihn recht lieb zu haben und mir auch helfen möge, dass ich mich daran gewöhne, die Nähe eines Menschen zu ertragen."

Und etwa zwei Jahre später: „Wenn ich nun an die letzte Zeit vor der Hochzeit zurückdenke, so weiß ich nur, dass es für mich unendlich schwer war und ich von der Last, die ich auf mich zukommen fühlte, schier erdrückt wurde. Bis zum letzten Tage wartete ich auf ein Ereignis, das alles ändern würde. Ich weinte viel in den Tagen und wusste doch, dass ich kein Recht hätte, von mir aus die Sache zu ändern. Aus seinen Briefen strömte mir schon so viel Wärme, ja Liebe entgegen, und ich schauderte davor."

Wenn ich mir vor Augen führe, wie verzweifelt meine Mutter damals war, aber wie wenig sie auch einen Ausweg sah und es nicht wagte, sich dem „Spruch Gottes" zu entziehen, macht mich das sehr traurig. Ich kann diese Stellen nicht lesen, ohne dass mir die Tränen kommen. Tränen für sie und Tränen für mich, die ich unter diesen Umständen die ersten Lebensmonate oder -jahre verbrachte.

Als ich mit meiner Mutter einige Wochen nach der Sitzung schließlich noch einmal versuchte, über die Zeit damals zu reden, sagte sie nichts mehr davon und als ich vorsichtig anfragte, ob sie vor meiner Geburt vielleicht Angst gehabt hätte, schob sie das schnell von sich. In ihrem Tagebuch fand ich aber folgenden Eintrag kurz vor der Geburt der Zwillinge:

„... ich denke, wie schon bei Regula, an die Entbindung wie an ein großes, dunkles Tor, das mich auch verschlingen kann. Der schlimmste Gedanke ist mir dabei, dass dann das Leid der Zurückbleibenden so groß ist. Und ich sorge mich um die Kinder und um Dich."

Peter Heinl hatte mit seiner Vermutung recht gehabt.

VIII

MANN STEHT AUF MEINEM HERZEN

Im Laufe der folgenden Sitzungen gerät mir meine Mutter zunächst wieder etwas aus dem Blickfeld. Es geht um Männer, mehr noch — allerdings unausgesprochen — jedoch darum, Vertrauen zu Peter Heinl aufzubauen, und das ist ein mühseliger Prozess mit vielen, kleinen Schritten, mit Rückschlägen und häufigem Stillstand. Schuld daran sind nicht nur meine ausgeprägten Ängste und mein tief sitzendes Misstrauen, sondern auch die ungünstigen äußeren Umstände.

Nur dreimal kann ich nach Berlin fahren, dann teilt mir Peter Heinl mit, dass er nicht mehr nach Berlin käme, und ich stehe vor der Wahl, entweder bei ihm aufzuhören oder eine wesentlich weitere Fahrt nach Mainz in Kauf zu nehmen, wenn ich ihn sehen will. Das Wort „sehen" gebraucht er stets für unsere Verabredungen. Ich finde es sehr schön, denn ich will wirklich von ihm gesehen werden, mit den Schmerzen meiner Vergangenheit und den Möglichkeiten meiner Zukunft, und ich hatte bereits erfahren, dass er tiefer blicken konnte, als ich es bisher erlebt hatte.

Wider alle Vernunft entscheide ich mich deshalb, weiterhin zu ihm zu fahren, sogar die neue, weite Strecke. Es fühlt sich richtig an, auch wenn ich viel dabei entbehren muss. Ich leide unter den langen Pausen, die zwischen unseren Begegnungen liegen. Oft sind es mehrere Wochen, manchmal sogar Monate. Es quält mich immer, wenn ich wieder darauf warte, dass er anruft, um einen neuen Termin zu vereinbaren. Jedes Mal fürchte ich von Neuem, dass er mich diesmal sicher vergessen hat, und dennoch weiß ich auch, dass diese Furcht aus meiner Kindheitsgeschichte zu erklären ist und sich wieder und wieder als gegenstandslos erweist.

Ebenso ist mir klar, dass ich meinerseits anrufen kann, aber ich fühle mich viele Monate hindurch nicht in der Lage, es von mir aus zu tun, selbst als er es mir ausdrücklich nahelegt. Immer wieder kommt die Angst hoch, ihn zu stören und schroff zurückgewiesen zu werden. Meine Angst ist stärker als mein Wunsch nach Kontakt oder Hilfe, wenn es mir nicht gut geht. Lange Zeit über gehe ich sowieso grundsätzlich davon aus, dass ich allein zurechtkommen müsse und mir niemand wirklich helfen könne. Das Allein-mit-allem-Fertig-werden hatte ich wirklich gut gelernt.

Als ich das dritte und letzte Mal nach Berlin komme, habe ich unglaublich viel Material dabei. Ich habe drei Bilder gemalt, den Stammbaum meiner Familie aufgezeichnet, mir viele Gedanken gemacht und manches davon aufgeschrieben und so fühle ich mich gut vorbereitet.

Nachdem ich mich hingesetzt habe, weiß ich gar nicht mehr, was davon ich nun auswählen soll, um anzufangen. Peter Heinl ist mir darin nicht die geringste Hilfe. Wieder ist es ganz allein mir überlassen, mich für etwas zu entscheiden, und ein wenig überstürzt greife ich als erstes zu den Bildern.

Schon zu Hause hatten sie mir gut gefallen. Was sie mir aber sagen wollen, ist mir nicht bewusst. Merkwürdigerweise finde ich es auch nicht so wichtig, welche Bemerkungen Peter Heinl dazu macht. Viel entscheidender ist für mich, wie er mit den Bildern umgeht. Er fasst sie an, hält jedes einzelne lange Zeit in den Händen, guckt es gründlich an und legt es dann vorsichtig zur Seite, aber so, dass wir beide es sehen können, ehe er nach dem nächsten greift. Ich merke, dass er Achtung vor den Bildern hat und sie ihm auch gefallen. Es kommt mir so vor, als nähme er mit den Bildern gleichzeitig ein ganzes Stück von mir selbst an und brächte ihm Wertschätzung entgegen. Das tut mir gut.

Zu dem, was ich gemalt habe, äußert er lediglich seine Assoziationen. Auch das ist für mich neu. Meine Bilder sind nicht Arbeitsgegenstand, die dazu dienen, dass man sich in einzelne Elemente hineinversetzt, sie sprechen lässt oder sich auf andere Weise in Beziehung zu ihnen bringt. Vielmehr sind die Bilder Kontemplationsobjekte, die in Ruhe ihre Eigenwirkung entfalten können – wenn man sie lässt.

Das tue ich nämlich zuerst nicht. Ich bin so angefüllt mit all dem, was ich die letzten Wochen über zusammengetragen hatte, dass ich das alles loswerden will. Und zudem sitze ich noch auf meinem sicheren Wissen darüber, wie Therapie auszusehen hätte, und brenne darauf, „richtig" zu arbeiten.

Als alle drei Bilder angesehen sind, tische ich also weitere Erkenntnisse auf, und werfe sie Peter Heinl bröckchenweise vor, immer in der Erwartung und Hoffnung, dass er endlich anbeißen möge.

Aber er lässt mich reden, macht nur hier und da eine eher beiläufige Bemerkung dazu und knüpft dabei ständig wieder an die Bilder an. Es ist, wie ich finde, sehr anstrengend, ihn dazu zu bringen, dass wir uns endlich auf einen Aspekt konzentrieren können. Scheint ihm denn keiner von all meinen Ködern wichtig genug? Ich plage mich fast eine Stunde und schließlich greife ich als letzte Rettung zum Stammbaum, um ihm den vorzuführen. Da sagt er nur freundlich, wir könnten uns den ein anderes Mal ansehen, das würde heute zu viel, ich hätte ja die Bilder mitgebracht, die so viel Raum einnähmen.

Schlagartig bin ich erleichtert, lege das Genogramm zur Seite, setze mich aufatmend in meinem Sessel zurück und sehe mir die Bilder noch einmal an – intensiver jetzt. Das dritte finde ich besonders schön. In einer umhüllenden Form aus zarten Farben sprießt so etwas wie ein hellgrünes Blatt. Dieses Bild hatte ich „Lichtkeim" genannt. Lange blicke ich schweigend darauf und merke überrascht, wie mich eine Welle von Wärme und Zärtlichkeit überflutet. Von ihrer Plötzlichkeit und Stärke bin ich ganz betroffen. Als ich Peter Heinl sage, was passiert ist, lächelt er und meint: „Ich vermute, das kommt daher, dass Sie sich die Bilder mit einem Mann ansehen."

Sofort werde ich verlegen. Ich bin bestürzt und verwirrt, dass er das gemerkt hat und sich dann auch noch traut, so etwas zu sagen. Zur Vorsicht gucke ich erstmal lieber weg, wage kurz darauf aber doch wieder einen Blick. „Ist das richtig?", will er wissen. Zögernd stimme ich zu und sage dann: „Aber das macht mir jetzt auch Angst." „Ja", bestätigt er, „das ist ja wieder das Trauma und das, was Ihre Mutter als Angst gehabt hat: Allein mit einem Mann zu sein, diese Wärme und Zärtlichkeit zu spüren, aber vor den Folgen Angst zu haben, also Angst davor, einfach zu sitzen, zu spüren und sich etwas entwickeln zu lassen."

Von dem, was er erklärt, bin ich sehr angerührt. Eine kleine Weile ist es mir sicherer, mich lieber schweigend in die Bilder zu vertiefen, dann nehme ich den Faden wieder auf und sage: „Genau das kann ich nicht, sich etwas von selbst entwickeln zu lassen. Ich glaube immer, dass ich die Verantwortung für eine Situation habe und, genau wie in Männerbeziehungen auch, etwas tun muss, damit etwas geschieht."

„Das müssen Sie hier nicht", sagt Peter Heinl nur.

Ich fühle mich durch seine Worte enorm entlastet, sodass ich tatsächlich für den Rest der Stunde gar nichts mehr mache, außer dazusitzen, die Bilder anzuschauen und die dichte Stimmung zu genießen.

Ein bisschen verzaubert gehe ich weg. Ich fühle mich aufgebrochen und tagelang voller Kraft und Wärme. Aber es gibt auch einen anderen Teil in mir, der beschämt ist und geängstigt von diesen Gefühlen und sich sehr verwirrt fühlt.

Die nächsten Sitzungen drehen sich um Männer. Ich hatte mich auf einer Klassenfahrt mit einem Kollegen angefreundet, der seit einigen Monaten Witwer war. Wir hatten einiges zusammen unternommen und verstanden uns recht gut. Aber dabei blieb es, obwohl ich mir auch sexuellen Kontakt zu ihm wünschte. Ich konnte nicht einschätzen, wo meine Schwierigkeiten lagen und wo die seinen. Jedenfalls fahre ich nach Mainz in dem beunruhigten Gefühl, wieder einmal einer grundsätzlichen Störung auf der Spur zu sein, die dringend der Bearbeitung harrt.

Zu meiner Überraschung bearbeiten wir überhaupt nicht. Wir sitzen uns gegenüber und Peter Heinl zieht mich mit allem, was ich ihm darüber erzähle, die ganze Zeit nur auf, neckt mich, macht Witzchen und versucht, mich zu provozieren. Wir lachen viel in den zwei Stunden, ich amüsiere mich über die völlig übertriebenen Situationen, die Peter Heinl entwirft, und entspanne mich dabei immer mehr. Plötzlich glaube ich, gar nicht mehr so gestört zu sein, sondern fühle mich leicht und optimistisch. Trotzdem bin ich aber nicht ganz frei, sondern komme mir vor wie mit dem Rücken an der Wand.

Ein bisschen heikel wird es, als wir allgemein über Verführung sprechen und er mich fragt, ob ich Verführung denn auch mit ihm fürchte? Ich schmettere das schnell als undenkbar ab – ein viel zu gefährliches Gespräch, finde ich. Er lacht: „Was, noch nicht einmal denkbar? Sie wissen doch, dass es das gibt." Etwas steif entgegne ich: „Ich würde erwarten, dass Sie nicht darauf eingehen." „Das müssen Sie schon mir überlassen, wie ich damit umgehe. Das können Sie mir nicht vorschreiben. Ich bin nur dafür verantwortlich, dass Ihnen nichts geschieht!", gibt Peter Heinl trocken zurück. Glücklicherweise gelingt es mir, rasch von etwas anderem zu reden. Bei diesem Thema fühle ich mich auf ganz unsicherem, schwankendem Boden. Mich direkt zu ihm in Beziehung zu setzen, scheint mir waghalsig und angsteinflößend. Wenn ich auch sehr viel für ihn empfinde, so will ich ihm das doch keineswegs zeigen oder gar darüber sprechen. Überdies hat das mit Verführen-Wollen oder Verführt-Werden sowieso recht wenig zu tun.

Irgendwann fragt er mich, welche Rolle er eigentlich dabei spielen solle, mein Männerproblem zu lösen. Ich sage ihm, und bin selbst überrascht, dass mir sofort etwas einfällt, er solle mir helfen, dass ich vielleicht doch irgendwann glauben könne, Vertrauen sei auch Männern gegenüber möglich.

Aber bis dahin war noch ein weiter Weg zu gehen. Auch bei ganz alltäglichen Dingen fehlte mir diese Grundlage. Als Peter Heinl mir beispielsweise den Weg in seine neue Praxis beschrieben hatte, mit öffentlichen Verkehrsmitteln und genauen Angaben, war ich voller Misstrauen gewesen und hatte ihm eigentlich nichts geglaubt. Erst als ich mich selbst davon überzeugen konnte — es hatte alles ganz genau gestimmt —, war ich bereit zuzugestehen, dass er mir richtige Hinweise gegeben hatte.

Bei meinem nächsten Besuch bei ihm ist der erste zaghafte Keim von Vertrauen vollkommen verschüttet. Die Freundschaft zu meinem Kollegen hatte sich als äußerst schwierig erwiesen und ich hatte mehrere Situationen mit ihm erlebt, in denen ich mich zurückgewiesen gefühlt hatte. Das will ich Peter Heinl erzählen, aber schon bevor ich zu ihm hineingehe, merke ich, dass ich verkniffen und zugeknöpft bin. Und so sage ich ihm als Erstes, dass ich nichts sagen und am liebsten auch nicht angesehen werden möchte. Dabei bin ich den Tränen nahe. Wieder wünsche ich mir ein Versteck oder wenigstens etwas Umhüllendes. Schließlich lege ich mir meinen Pullover über, den ich vorher über den Stuhl gehängt hatte. Peter Heinl bietet mir eine Decke an, aber ich lehne ab.

Das geschieht schon fast automatisch. Immer wieder erlebe ich auch in der Folgezeit, dass Peter Heinl mir etwas anbietet, was ich gern angenommen hätte und trotzdem zurückweise, weil ich nicht weiß, wie ich damit umgehen soll. Seine Fürsorge verstört mich nur, die Angebote sind mir peinlich und ich kann es nicht aushalten, Umstände zu machen. Diesen Aufwand bin ich nicht wert! Ich will ihn nicht für mich sorgen lassen und außerdem finde ich später heraus, dass ich es auch nicht ertragen kann, wenn er den Raum verlässt.

Diesmal steht er auf, geht an einen Schrank, holt eine Stange Pfefferminzbonbons heraus und bietet mir eins an. Das kann ich nehmen. Damit hat er sich ja keine Mühe machen müssen und es ist schließlich nur ein ganz kleines, viereckiges Bonbon. Der Pullover ist dabei heruntergefallen. Ich lasse ihn liegen.

Trotzdem dauert es noch lange, bis ich mich in der Lage fühle, ihm zu erzählen, was mit mir los ist und wie verletzt ich durch die Erfahrung bin, zurückgewiesen zu werden und mit meinem Bedürfnis nach Liebe und Angenommensein aufzulaufen.

Wieder fragt er mich sehr direkt, wie es mir denn ihm gegenüber ginge. Ich merke, wie ich immer sachlicher und immer rationaler werde, als ich ihm antworte. In aller Kürze schildere ich ihm, wie wenig ich ihn anfangs als Person wahrgenommen hätte, dass ich aber später viele warme Gefühle für ihn gehabt hätte, bis hin zu Phasen, die wie Verliebtheit gewesen seien. Und füge noch schnell hinzu, dass ich dann aber sehr viel über Übertragung gelesen und sich das daraufhin verändert hätte. Aus den Augenwinkeln nehme ich wahr, dass er bei dem Wort Übertragung nickt. Richtig angucken kann ich ihn nicht, während ich rede. Ich fühle auch nichts dabei.

„Wenn ich Sie aber so unmittelbar vor mir habe", fahre ich fort, „fühle ich mich klein und ängstlich. Ich habe Angst vor Strafe, wenn ich anders bin, als Sie mich möchten, beispielsweise kleiner, wenn ich also nicht erwachsen sein will. Dann könnten Sie kalt werden oder sich unerreichbar machen, Strafen durch Liebesentzug." Peter Heinl fragt: „Haben Sie auch Angst vor sexueller Zudringlichkeit oder sexueller Ausbeutung und Ausnutzung?"

Schon wieder so eine unmögliche Frage, ein tabuisiertes Thema. Bevor ich antworten kann, sehe ich ihn lange an und fühle tatsächlich nicht das kleinste bisschen. Dann verneine ich. „Aber auf der Basis der von Ihnen geschilderten Gefühle, z.B. Verliebtheit, könnte so etwas doch entstehen?", hakt Peter Heinl nach. Plötzlich wird mir klar, dass ich Peter Heinl nicht als Mann wahrnehme, dass ich ihn geschlechtsneutral mache und mir überdies auch nicht im Mindesten vorstellen kann, er könne sich vielleicht in mich verlieben. Schon deshalb, um um keinen Preis zurückgewiesen zu werden und mich vor dieser Verletzung zu schützen, klammere ich jede Art von sexuellem Gefühl, aber leider auch von Nähegefühlen für ihn aus. Ich mache auch mich geschlechtsneutral. Das sagt mir Peter Heinl dazu.

In seiner Abwesenheit, wenn ich sicher zu Hause bin, weit genug weg von ihm, kann ich mir immerhin vorstellen, von ihm im Arm gehalten zu werden und wünsche mir das auch. Das sind mehr Wünsche eines Kindes an den Vater, scheint mir. Aber nichts davon kann ich wahrnehmen, wenn er konkret und greifbar vor mir sitzt.

Auch das nächste Mal sprechen wir darüber, wie sehr ich meine Wahrnehmung reduziere und ausschnitthaft mache, wenn ich Männer eigentlich anziehend finde. Ich stelle fest, dass ich mir eine Beziehung nur als anstrengendes, mühsames und letztlich frustrierendes Unterfangen vorstellen kann und nicht glaube, dass ein Mann einmal offen und einladend auf mich zukommen könnte und auch bei mir bleiben wollte.

Sicherlich würde es nicht passieren, dass mir ein Mann einmal mit ausgebreiteten Armen entgegenlaufen würde wie die Gliederpuppe, an der Peter Heinl eine Weile bastelt, um sie dann vor mich hinzustellen. Ich glaube den ausgebreiteten Armen nicht. Mir kommt diese Geste eher wie eine Lüge vor, hinter der etwas ganz anderes verborgen ist.

Nach einer Weile nimmt Peter Heinl ein Schokoladenherz von seinem Schreibtisch, das in rote Glanzfolie gewickelt ist, und legt es dekorativ mitten auf den Teppich. Tränenblind starre ich dieses Herz an, rühre mich aber nicht vom Fleck. Es tut mir weh, es ansehen zu müssen. Noch schlimmer finde ich es, als Peter Heinl die Puppe auf einmal genau auf das Herz stellt. „Genauso ist es", fühle ich und spüre gleichzeitig deutlich meine Ohnmacht und Unfähigkeit, etwas daran zu ändern. Ich brauche entsetzlich lange Zeit, ehe ich mich von meinem Stuhl hochquäle und das Holzmännchen von dem Herz herunterstoße. Dann versuche ich, die Gliederpuppe so zu biegen, dass sie das Herz in den Armen tragen kann. Das gelingt mir jedoch nicht. Es fällt immer wieder herunter. Wohl auch deshalb, weil es einfach zu groß ist. Immer nur kurze Momente bleibt es in den Holzarmen, obwohl ich mich lange damit abmühe.

Als Peter Heinl mich schließlich fragt, ob mir jemals ein Mann meine Anstrengungen gedankt habe, fällt mir nur eine einzige Situation dazu ein, während der mir mein erster Freund einmal gesagt hatte, ich sei eine tolle Frau. Da war unsere Freundschaft allerdings schon zu Ende gewesen. „Und dann schloss sich die Pyramide wieder, und die Sphinx verstummte für die nächsten tausend Jahre", kommentiert Peter Heinl dieses magere Ergebnis meiner Anstrengungen.

Er weist mich darauf hin, wie lange ich es ausgehalten hatte, die Puppe auf dem Herzen stehen zu sehen.

Dafür gibt er mir wieder Pfefferminzbonbons, die ich willig entgegennehme. Sie sind winzige Bausteine des Vertrauens und bilden allmählich eine Art von Brücke, die ich ganz zögernd zu betreten mich anschicke. Ich fühle mich väterlich versorgt. Und wenn ich Peter Heinl auch nicht zeigen kann, wie gerührt ich darüber bin, spüre ich doch in meinem Innern ganz viel Wärme und Dankbarkeit für diese kleinen Gesten. Er drückt mir irgendwann im Verlauf dieser Sitzung auch ein kleines Prisma in die Hand und sagt dazu, ich könne damit die blöden Männer gleich hundertmal ansehen. Immer wieder schaue ich hindurch, in alle verschiedenen Richtungen, nur nicht zu ihm hin. Diese spielerische und untherapeutische Ebene tut mir gut. Die Ablenkung mit dem Prisma kommt mir gerade recht. Offenbar habe ich mich doch wieder so in meine Unfähigkeit, jemals dauerhafte Männerbeziehungen einzugehen, verbissen, dass ich nur deprimiert und hilflos in diesem Sumpf herumrudere und immer wieder betone, dass eben die Männer die Macht hätten, über Nähe und Kontakt zu entscheiden. Ich quäle mich selbst und bekomme plötzlich Kopfschmerzen, lehne aber den „netten Tee", den mir Peter Heinl daraufhin anbietet, entschieden ab.

Eigentlich hätte ich schon zehn Minuten vorher aufhören wollen. Mir kommt es vor, als hätte ich alles gesagt, was man hatte sagen können, und ich bin niedergeschlagen und traurig. Dabei gucke ich ihn an und denke, ohne es auszusprechen: Danke für die Pfefferminzbonbons. Im selben Moment macht Peter Heinl einen Dreizeiler über den Sumpf, in dem ich stecke, und das Pfefferminz, das Trumpf ist, sodass ich lachen muss und mich wieder leichter fühle. Als kleinen Trost bekomme ich noch ein Pfefferminz mit auf den Weg.

IX

VERLIEBT! VERLOBT? VERHEIRATET?

Als ich drei Wochen später wieder zu ihm fahre, ist die Welt für mich vollkommen verändert. Ich hatte vierzehn Tage lang im Rahmen meiner Ausbildung an einem Intensivseminar teilgenommen und mich dort nach kurzer Zeit heftig in einen Mann verliebt – und er sich auch in mich. Es war lange her, dass ich mich auf einen Mann hatte einlassen können. Auf A. wurde ich aufmerksam, weil er so schön sang. Gleich am ersten Abend saßen wir zufällig nebeneinander. Einige von uns hatten sich nach den Gruppensitzungen zusammengefunden und sangen Lieder. Dabei fiel mir A. auf, der nicht in meiner Gruppe war. Er konnte zu den Liedern Begleitstimmen improvisieren. Da ich das auch gern tat, ergänzten wir uns und berührten uns in harmonischen Akkordfolgen.

Aber wir berührten uns auch körperlich. A. hatte die Angewohnheit, im lockeren Gespräch sein Gegenüber anzufassen. Das war eine Angewohnheit von ihm, bei der er sich nichts dachte, erzählte er mir später. Für mich war und ist das anders. Eine körperliche Berührung von jemandem, den ich sympathisch finde, öffnet mich sofort weit und weckt in mir Wünsche nach mehr. Das starke Bedürfnis danach, das sonst so kontrolliert und weit weggepackt ist, bricht sich dann Bahn, meine Barrieren schmelzen wie ein Schneemann im Hochsommer und ich werde weich und sehnsüchtig. Ähnlich ging es mir mit A.. Allerdings brauchten wir eine knappe Woche, bis wir uns tatsächlich fanden. Aber dann erlebten wir die Tage und die Nächte wie in einem Rausch und ich merkte, dass die Plattitüde zutraf, dass man im Zustand von Verliebtheit wie auf Wolken geht. Ich ging tatsächlich wie auf Wolken, mit unirdisch verklärtem Gesicht, und alles, was um mich herum vorging, berührte mich nur noch wenig. Ich genoss es, dass die anderen Teilnehmer so lebhaften Anteil an unserem Geschick nahmen, mich zwar liebevoll aufzogen mit meinem Zustand, aber insgesamt sehr bereitwillig waren, mich im Ausleben der Verliebtheit zu unterstützen. Es war wie ein unverhofftes Geschenk für mich. Im Schoß dieser Ersatzfamilie kam ich mir ganz geborgen, sicher und beschützt vor und konnte mich deshalb viel mehr trauen und viel offener mit meinen Gefühlen umgehen, als ich es bisher erlebt hatte. Wenn ich an Schwierigkeiten oder Grenzen stieß, holte ich mir sofort jemanden zu Hilfe, dem ich mich anvertrauen konnte. So gelang es mir, die ersten Klippen meiner Unsicherheit gefahrlos zu umschiffen.

Mit A. fühlte ich mich wie auf einer Insel, auf der wir alle Fesseln der Vergangenheit für die Zeit des Seminars abgestreift hatten. Es gab nämlich Fesseln, die jedenfalls A. rein äußerlich sehr banden und die sich zu Fallstricken auswachsen sollten. A. lebte in einer Beziehung. Er war nicht verheiratet, wohnte aber seit vielen Jahren mit einer Frau zusammen. Wie er davon erzählte, zeigte mir, dass die beiden allerdings schon lange nebeneinanderher lebten und sich weitgehend in Ruhe ließen. Insbesondere spielte sich offenbar sexuell zwischen ihnen praktisch nichts ab und das bereits seit einer sehr langen Zeit. Darum machte ich mir über seine Partnerin keine Gedanken und hatte auch kein schlechtes Gewissen, mich A. genähert zu haben. Für A. schien es ebenfalls kein Problem zu sein. Er berichtete unbefangen und mit so viel Abstand über seine Freundin, dass ich ihn manchmal kopfschüttelnd fragte, wie es möglich sei, so wenig miteinander zu tun zu haben, wenn man so lange zusammen ist.

Der zweite Fallstrick war, dass A. Österreicher war und ihn von meinem Wohnort ungefähr zehn Zugstunden trennten. Aber unsere Beziehung sollte sowieso nur während des Seminars andauern, meinte ich. Jedenfalls weigerte ich mich, weiter als bis dahin zu denken. So verbrachten wir beinahe alle Zeit, die uns neben dem üblichen Seminarrhythmus blieb, miteinander, erfuhren eine Menge voneinander, lernten uns immer besser kennen und erlebten insbesondere viele zärtliche und aufregende Stunden, in denen ich entdeckte, dass mich die lange Abstinenz doch nicht abgestumpft und liebesunfähig gemacht hatte, wie ich oft befürchtet hatte.

In der letzten Nacht, die wir miteinander verbrachten, überlegten wir uns, wie es weitergehen könne mit uns. Plötzlich schien es uns undenkbar, keinen weiteren Kontakt zu haben. Beide wünschten wir uns, die Beziehung fortzusetzen, und A. fing an zu fantasieren, was vielleicht möglich oder realisierbar sei. Ehe wir es recht merkten, entwarfen wir Szenarien einer gemeinsamen Zukunft und malten uns aus, wie ein Zusammenleben aussehen könnte. In dieser Nacht planten wir unser Leben für die nächsten zwanzig Jahre. Wir wogen ab, wo wir wohnen würden und entschieden uns mehr oder weniger für Österreich. Wir wollten ganz schnell ein Kind und wussten, wie es heißen würde. Wir steckten für mich eine berufliche Laufbahn ab. Auch mit Kind könnte ich noch Psychologie studieren und mich mit eigener Praxis niederlassen. Wir diskutierten sogar darüber, ob wir unsere Hochzeit nach russisch-orthodoxem Ritus feiern sollten, da A. seiner Herkunft nach dieser Kirche angehörte. Außerdem sprachen wir über unsere guten und schlechten Eigenschaften und wie wir damit umgehen könnten. Dabei steigerten wir uns immer mehr in unsere Pläne hinein. Mich faszinierte insbesondere, welche Fülle von Möglichkeiten sich plötzlich auftat, die mir vorher unerreichbar erschienen waren. Ungeahnte Perspektiven schienen sich zu eröffnen. Wir lebten uns so sehr in diese Zukunftspläne hinein, dass wir am folgenden Morgen unseren nächsten Freunden und Freundinnen die Neuigkeiten enthüllten und uns schon beinahe gratulieren ließen.

Der Abschied von A. fiel mir trotzdem schwer, weil nun die Realität auf uns zukam, auch in Gestalt seiner Partnerin. Und weil ich erstmal drei Wochen unerreichbar in den Urlaub fahren wollte. Aber direkt davor habe ich meine nächste Sitzung bei Peter Heinl und in euphorischer Stimmung treffe ich bei ihm ein.

Als ich beginne, von A. zu erzählen, merke ich, dass ich sehr befangen bin und mich eigentlich gar nicht so überschwänglich und glücklich fühle. Mit vielen Fragezeichen,

Skepsis und Distanz berichte ich über meine neuen Lebensumstände und unsere weiteren Pläne und füge hinzu, dass das sicher verrückt wäre. Zu meiner Verwunderung findet Peter Heinl es nicht verrückt. Er meint trocken, dass es vielleicht so sei, dass A. und ich so viel zusammen erlebt hätten, wie andere Paare in mehreren Monaten, und wir uns deshalb so schnell zu solchen Schritten hätten entschließen können. Im Übrigen habe es schließlich mit meinem Kollegen, der in meiner unmittelbaren Nähe gewohnt habe, nicht geklappt, warum sollte die Entfernung jetzt ein Hindernis sein? Die Bundesbahn hätte gute Zugverbindungen nach Österreich. A. müsse sein Verhältnis mit seiner Freundin klären, dann würde ich ja sehen.

Irgendwie habe ich die ganze Zeit das Gefühl, mit dem, was ich ihm zu erzählen habe, nicht richtig landen zu können. Ich bin verunsichert über diese Situation, spreche sie aber nicht an. Stattdessen erzähle ich einen Alptraum, den ich während des Seminars gehabt hatte und erwarte, dass er mir bei der Deutung weiterhelfen könne. Wieder einmal werde ich in meiner Erwartungshaltung frustriert. Peter Heinl verweigert sich geradezu. Er sagt ganz direkt, ihm falle dazu nichts ein. Stattdessen bittet er um eine kleine Pause. Zwar stellt er mir Tee und Plätzchen hin, aber geht dann wieder hinaus und bleibt eine Weile verschwunden. Auch nach der Pause kommen wir nicht weiter. Die Minuten schleppen sich zäh dahin. Ich weiß nicht mehr, was ich noch erzählen könnte, mache aber noch ein paar lahme Versuche, etwas in Gang zu setzen. Als alles nicht verfängt, gebe ich es auf. Obwohl ich noch fast eine Viertelstunde Zeit hätte, verabschiede ich mich.

Über diese missglückte Sitzung dachte ich viel nach. Mit einigem Abstand merkte ich, wie verstört und verunsichert ich darüber war und entschloss mich dann, ihm aus den Ferien einen Brief zu schreiben:

Lieber Herr Dr. Heinl,

nach meinem letzten Besuch bei Ihnen ist so ein schales Gefühl bei mir zurückgeblieben, dass ich Ihnen das jetzt doch schreiben will, damit ich mich nicht dauernd damit beschäftigen muss. Ob ich den Brief dann auch abschicke, ist noch eine andere Frage, denn ich habe Ihre Adresse nicht dabei und kann das erst tun, wenn ich wieder aus den Ferien zurück bin.

Was mir so ein ungutes Gefühl bereitet, ist die Erinnerung daran, wie wenig ich mich letztes Mal in Kontakt mit Ihnen befunden und wie stark ich das übergangen habe. Dabei war es untergründig die ganze Zeit über da und ich habe es genau registriert. Das fing schon an, als ich ankam, beinahe mit dem ersten Blick. Schon da habe ich gemerkt, dass ich nicht landen konnte, bzw. habe ich kein Entgegenkommen von Ihnen gespürt. Dadurch, dass Sie dann am Anfang nicht wie sonst ein bisschen Smalltalk gemacht haben, sondern einfach schweigend dagesessen haben, um mir „nicht den Raum zu nehmen", hat sich mein Gefühl noch verstärkt, nicht willkommen zu sein oder so ohne Resonanz zu sein.

Eigentlich hätte ich darüber reden müssen. Stattdessen habe ich das alles in einem Gewaltakt irgendwo unter den

Teppich gekehrt oder nach ganz innen drin verschlossen, Ihnen heimlich unterstellt, Sie hätten vielleicht nicht Ihren besten Tag, und dann angefangen, über das zu reden, über das ich mir gewünscht hatte, sprechen zu können. Aber im Grunde war ich gar nicht bereit dazu, weil eine Atmosphäre des Vertrauens für mich nicht da war. Ich erschrecke jetzt im Rückblick darüber, wie wenig ernst ich dies Gefühl genommen habe und frage mich, warum ich mich gezwungen habe, so zu tun, als sei alles in Ordnung und harmonisch und als sei ein Vertrauen da. Stattdessen bin ich innerlich aus dem Kontakt mit mir und Ihnen hinausgegangen, habe mich aber krampfhaft darum bemüht, weiterhin eine „gute", sprich kooperative, nicht schwierige Klientin zu sein.

Jetzt im Nachhinein bin ich wütend auf mich, dass ich das so mit mir gemacht habe und wütend auf Sie, dass Sie das zugelassen oder nicht durchschaut haben oder nicht durchschauen wollten.

Ich frage mich aber auch, ob das nicht genauso gut irgendwelche Übertragungen sein könnten, da ich mich ausgerechnet in dem Moment nicht angenommen fühle und kein Vertrauen habe, in dem ich mich an anderer Stelle sehr wohl mit einem Mann fühle und den Kontakt genießen kann.

Was da los ist oder sich bei meinem Besuch bei Ihnen abgespielt hat, durchschaue ich zur Zeit nicht. Zurück bleibt nur das Gefühl, Sie irgendwie überhaupt nicht erreicht zu haben, worauf auch immer das zurückzuführen sein mag, und damit fühle ich mich jetzt etwas allein. Allerdings geht es mir nach dem Aufschreiben jetzt schon besser. Vielleicht schicke ich diesen Brief ja doch ab. Ich habe noch zwei Wochen Zeit, um das zu entscheiden.

Für heute herzliche Grüße

Regula Dammring

X

ENDE DES HÖHENFLUGES

Tatsächlich setzte sich die Beziehung zu A. eine Weile fort. Er schilderte mir, dass er in seinem ersten Überschwang nach Hause gekommen war und seine Freundin sofort festgestellt hatte, dass irgendetwas mit ihm nicht stimmte. Als sie ihn intensiv bedrängte und nachfragte, gestand er ihr, er habe während des Seminars eine Frau kennengelernt, sich in sie verliebt und werde sie heiraten. Wie man sich vorstellen kann, geriet sie angesichts dieser Eröffnung völlig aus dem Häuschen, tobte, schrie, weinte, drohte, schmeichelte, erpresste – kurz, sie fuhr die ganze Palette von Reaktionen auf, die sich in einer solchen Lage anbieten. Ich hatte das vorausgesehen und A. darauf vorbereitet, dennoch hatte er anscheinend nicht damit gerechnet und war irritiert und überfordert.

Wir trafen uns an mehreren Wochenenden bei mir und telefonierten fast jeden Tag lange miteinander, aber ich spürte zunehmend, wie schwierig es war, die große Entfernung auszugleichen. Im Gegensatz zu seiner Freundin, die ihren Heimvorteil weidlich ausnutzte, hatte ich schlechte Karten. Voller Angst merkte ich, dass A. mir entglitt und sich immer stärker zwischen den Fronten aufrieb. Er konnte sich zwischen uns gar nicht entscheiden, denn er wollte beides: die vertraute langjährige Bindung und die neue Beziehung zu mir. Für mich war klar, dass eine Dreiecksbeziehung nicht in Frage käme. Diese Art von Freundschaft kannte ich zu genüge und hatte die Nase voll davon. Da er dem Druck seiner Freundin nichts entgegensetzen konnte und ich mich so aus der Ferne nicht in der Lage sah, ihn ausreichend zu unterstützen, fühlte ich mich ohnmächtig und verzweifelt. Einen Ausweg für uns beide sah ich nicht, auch keine Handlungsmöglichkeit für mich allein. An ihm war es, zu handeln oder Stellung zu beziehen, fand ich.

Aber A. schien darauf zu warten, dass entweder seine Partnerin oder ich ihm die Entscheidung abnähmen und unsererseits etwas taten. So kam es denn auch, weil ich das untätige Verharren als so quälend empfand, dass etwas geschehen musste.

Den Anlass dafür gab es, als er unsere gemeinsamen Ferienpläne auf Eis legte. Ich verbrachte die Herbstferien also statt mit ihm in den Bergen mit einer Freundin auf einer Insel und der räumliche Abstand schuf auch einen innerlichen Abstand. Eigentlich wusste ich, dass ich A. aufgeben musste, aber ich wehrte mich noch dagegen. Deshalb war der Bruch, als er dann kam, keine Überraschung. Jedoch hätte ich mir die dramatischen Umstände gern erspart. Sie zeigten unsere Unfähigkeit, mit Abschied oder Trennung umzugehen.

Als A. in Deutschland gerade eine Fortbildung besuchte, fuhr ich an einem Novemberabend zu ihm. Als ich bei ihm nichts als Uneindeutigkeit und Rückzug spürte, schlug ich ihm vor, uns so lange zu trennen, bis er das Verhältnis zu seiner Freundin geklärt hätte, so oder so. Ich hatte auf meinen Vorschlag eine Diskussion erwartet und ein liebevolles, mindestens aber solidarisches Gespräch darüber, was das bedeuten würde. A. jedoch wurde sofort abweisend, maskenhaft und starr, er versteinerte regelrecht und verweigerte sich jeder weiteren Auseinandersetzung. Schlimmer noch: Er schickte mich weg. Das machte mich so hilflos und verzweifelt und ich war so durcheinander, dass ich keine andere Möglichkeit sah, mich tatsächlich ins Auto setzte und mitten in der Nacht bei dichtestem Nebel mehrere Stunden lang tränenüberströmt nach Hause fuhr. Wieder einmal hatte mein Schutzengel alle Hände voll zu tun. Er muss schweißgebadet gewesen sein, als wir endlich wohlbehalten bei mir ankamen.

Von A. hörte ich nie wieder etwas. Ich selbst schrieb ihm zweimal und versuchte auch einmal, mit ihm zu telefonieren, aber er reagierte nicht. Mehrere Wochen lang war ich sehr niedergeschlagen und ratlos und konnte nicht glauben, dass unsere so euphorisch begonnene Beziehung auf diese Weise wirklich zu Ende sein sollte. Auch zweifelte ich an mir und machte mir Vorhaltungen, dass ich auf so einen Großsprecher hereingefallen war.

Erst viel später, mit genügend Abstand, war ich bereit und in der Lage einzusehen, dass ich zu dem Zeitpunkt niemals einen anderen Mann hätte wählen können. Im Grunde hatte er mir meine eigenen Schwierigkeiten zurückgespiegelt. A. war kein selbstsicherer Mann, genauso wie ich keine selbstsichere Frau war. Niemals hätte ich mich an einen Mann herangetraut, der von seiner Männlichkeit überzeugt gewesen wäre. Dass mir A. gelegentliche homosexuelle Erlebnisse gebeichtet hatte, machte mich nicht nachdenklich, im Gegenteil war ich sogar stolz darauf, gewissermaßen Pionierarbeit geleistet zu haben, als er später behauptete, er sei durch die Erfahrung mit mir nun sicher, dass er heterosexuelle Kontakte bevorzuge. Ich bildete mir ein, den Jüngling erweckt zu haben, ohne zu merken, dass ich es immer noch bitter nötig hatte, mir die bedrohlichen Männer möglichst weit vom Leib zu halten, um selbst den Grad an Nähe zu bestimmen.

A. warf ich vor, er sei uneindeutig und könne sich nicht einlassen. Doch auch ich fürchtete mich davor, mich wirklich einzulassen und verbindlich zu werden, obwohl ich mir das sehr wünschte, es als Defizit ansah und darunter litt. Manchmal hatte A. gesagt, er glaube, sobald er sich eindeutig für mich entschieden hätte, würde ich davonlaufen. Das tat ich als seine Angst ab, aber möglicherweise wäre das genau passiert, wenn wir unsere Zukunftspläne tatsächlich in die Tat umgesetzt hätten.

Auch seine ungeheure Angst vor dem Alleinsein, die er mir immer wieder als Argument entgegengehalten hatte, wenn wir darüber sprachen, dass er sich von seiner Freundin trennen müsse, um mit mir zusammen sein zu können, teilte ich im Grunde, nur dass ich sie anders handhabe. Anstatt in einer langjährigen Nicht-Beziehung zu verhungern, ging ich lieber gar keine ein. Das Ausmaß meiner eigenen Angst lernte ich ebenfalls erst viel später in seiner ganzen Tragweite kennen.

In den schwierigen letzten Wochen mit A. habe ich das erste Mal nach dem Brief wieder einen Termin bei Peter Heinl. Merkwürdigerweise sind weder der Brief noch A. das Thema, und obwohl die Sitzung sehr dramatisch verläuft, besitze ich kaum Aufzeichnungen darüber, noch habe ich präzise Erinnerungen daran.

Als ich zur Tür hereinkomme, sehe ich, dass im Raum, durch den ich gehen muss, der Tisch für Kinder gedeckt ist und über einem der Stühle eine Kinderjacke hängt. Das geht mir sehr nahe. Sofort muss ich daran denken, dass mein Vater nicht ein einziges Mal in meinem Leben für mich den Tisch gedeckt hat. Ich weiß nichts über Peter Heinls Lebensumstände, aber von seinen Kindern weiß ich. Offenbar sind sie gerade bei ihm und es rührt mich, dass er, wie ich sofort annehme, den Tisch für sie fertig macht. Aber ich bin auch neidisch auf die Kinder, die ihm nah sein dürfen und die seine Fürsorge bekommen, während ich doch auch danach lechze. Dabei kann ich weder darum bitten, noch gestatte ich mir, es mir auch nur zu wünschen.

Kaum sitze ich in seinem Zimmer auf meinem Stuhl, kommt es mir genauso vor wie beim letzten Mal. Ich habe so beklemmend das Gefühl, keine Verbindung zu ihm herstellen zu können, dass ich in Tränen ausbreche. Als Peter Heinl einwendet, er verhielte sich nicht anders als bei unserem ersten Mal in Berlin, schluchze ich: „Das stimmt. Aber es macht mir so viel Angst, wenn ich keinen Kontakt finde. Dann fühle ich mich sofort abgewiesen und habe den Eindruck, ich störe oder bin nicht willkommen." Er sieht mich an und sagt dann: „Ich habe noch eine andere Wahrnehmung gehabt. Als Sie hier in das Zimmer gekommen sind, hat es einen ganz kurzen Moment gegeben, an dem ich hinter Ihnen stand, weil ich hinter Ihrem Rücken die Tür zugemacht habe. In diesem Augenblick muss bei Ihnen eine Klappe gefallen sein und Sie haben sich vielleicht so etwas gedacht wie: Ich bin jetzt mit einem Mann allein, was der wohl mit mir macht? Und Sie wussten nicht, ob Sie Böses oder Gutes zu erwarten hatten."

Ich bin sehr erstaunt über seinen Eindruck und weiß nicht genau, ob er Recht hat. Aber ich bemühe mich zusammenzutragen, was ich finden kann an Erinnerungen oder Erlebnissen mit bedrohlichen, bösen Männern. Konkretes gibt es kaum, nichts, was mir Anhaltspunkte gäbe oder wirklich greifbar wäre. So erzähle ich, dass ich als Kind beim Masturbieren Fantasien gehabt habe, dass ich verstümmelt oder geschlagen würde, erwähne, dass mein ältester Bruder sehr neidisch auf mich gewesen ist, dass mein Vater meine jüngeren Geschwister geprügelt hat. Mich vielleicht ebenfalls, aber auch da fehlen mir eindeutige Bilder oder Erinnerungen. Eigentlich bleibt alles, was ich erzähle, vage und bruchstückhaft, eher atmosphärisch als manifest. Peter Heinl meint, das Atmosphärische reiche schon als Erklärung dafür, Männer nicht einschätzen zu können.

Wieder machen wir eine Pause. Diesmal brauche ich sie. Ich fühle mich müde, erschöpft und ausgelaugt. Die lange Rückfahrt im Auto bringe ich nur mühsam und mit großer Anstrengung hinter mich und falle danach todmüde ins Bett.

An dem Tag und auch an den folgenden muss ich viel weinen, kann jedoch nicht feststellen, worauf genau es zurückzuführen ist.

Vierzehn Tage später bin ich wieder bei Peter Heinl. Wir sind beide überrascht, wie gut es mir geht. Ich merke es selbst erst, als wir uns begrüßen. Peter Heinl stellt es auf den ersten Blick fest. Er findet, dass ich ganz anders gucke, und spürt keine Angst mehr bei mir. Als er ein Kaninchen vor mich hinsetzt, nehme ich es sofort, halte es die ganze Zeit in der Hand und streichle sein flauschiges Fell.

Wir reden lieb, freundlich und zugewandt miteinander, fast so, als sei es ein Abschlussgespräch, denn es geht vorwiegend um meine Fortschritte. Zum Schluss schlägt er mir vor, beim nächsten Mal wieder einmal Bilder mitzubringen, damit wir uns die Entwicklung ansehen können, die ich gemacht habe.

Unmittelbar danach verschwand A. ohne Abschied und auf Nimmerwiedersehen. Ich hatte das Schlimmste schon hinter mir, als ich Peter Heinl mehrere Wochen später wiedersehe. Er ist erstaunt, von der Trennung zu hören, weil mir so wenig davon anzumerken ist. Mit ironischer Distanz und beinahe anekdotenhaft berichte ich von der letzten Begegnung mit A. und freue mich, dass Peter Heinl solidarisch mit mir ist. Besonders schön finde ich es, zu spüren, dass er richtig böse auf A. wird, nachdem ich ihm von der Trennungsnacht erzählt habe. Er steht sogar auf, geht im Raum umher und sagt dann sehr entschieden, A. sei tatsächlich „nicht ganz dicht", wenn er unter diesen Umständen nicht dafür gesorgt hätte, dass ich wenigstens in der Nacht sicher untergebracht gewesen sei. Das tut mir wirklich gut.

Viel besser geht es mir noch, als ich die Bilder, die ich mitgebracht habe, auf dem Fußboden ausbreite und sie zusammen mit ihm ansehe. Dabei stehen wir manchmal dicht beieinander und das gefällt mir. Ich wünsche mir, er würde eine Weile so stehen bleiben, damit ich stärker fühlen kann, wie es ist, etwas näher bei ihm zu sein. Aber gleichzeitig bin ich auch scheu und deshalb ganz froh, wenn er seine Position wieder verändert.

Meine Bilder gefallen ihm. Das sagt er und das merke ich auch. Darüber freue ich mich ungemein. Wieder ist es für mich so, dass er mit den Bildern gleichzeitig auch mich selbst akzeptiert. Davon bin ich so erfüllt, dass wir am Schluss der Sitzung nur noch schweigend dasitzen und in die Dämmerung schauen. Ich habe nichts mehr zu sagen.

Zu Weihnachten schickte ich ihm zwei Märchen, die ich vor langer Zeit geschrieben hatte. Er sollte etwas von mir bekommen, das keinen materiellen Wert hat, aber eng mit mir verbunden ist, und ich wünschte mir, dass er sich darüber freute. Gleichzeitig wollte ich, soweit ich das überhaupt zulassen konnte, damit zum Ausdruck bringen, wie gern ich ihn hatte, ohne dass ich ihm das je sagen konnte. Was ich empfand, war mir unangenehm zuzugeben, weil es so sehr dem Zustand glich, den ich sonst nur kannte, wenn ich in jemanden verliebt war. Und zu genau wusste ich inzwischen um Übertragung und Gegenübertragung in der therapeutischen Beziehung.

Trotzdem durfte ich ihm etwas schenken, fand ich, ohne ihm damit zu nahe zu treten. Auch während meiner vorangegangenen therapeutischen Erfahrungen hatte ich Geschenke gemacht, wenn mir danach war, und hatte sogar selbst gelegentlich welche bekommen.

Leider reagierte er aber gar nicht so, wie ich es gehofft hatte. Er missverstand es und glaubte wohl, dass ich von ihm eine Interpretation oder etwas in der Art erwartete, denn er sagte mir vor der nächsten Begegnung am Telefon, dass er die Märchen aber dazu noch nicht gelesen habe. Drei Monate später erwähnte er sie ein weiteres Mal, nur um zu sagen, dass er sie leider immer noch nicht gelesen habe.

Darüber war ich enttäuscht und traurig. Ich hatte den Verdacht, mit meinem Geschenk eins der vielen therapeutischen Abstinenzgebote verletzt zu haben. Wie auch immer: Ich beschloss, ihm nie wieder etwas zu schenken, und das hielt ich bis zum Schluss durch. Das fiel mir überhaupt nicht schwer, denn ich kam einfach nicht mehr darauf.

XI

„SCHWARZE MILCH DER FRÜHE ..."

Über Weihnachten besuchte mich eine Freundin. Mit ihr und einigen anderen Freunden feierte ich ein schönes Fest und genoss das Zusammensein. Aber sie war kaum ins Auto gestiegen, als es mir schlagartig schlechter ging. Ich fiel urplötzlich in eine schlimme Depression, wie ich sie lange nicht mehr erlebt hatte. Mehrere Tage lang lief ich wie gelähmt umher, war arbeitsunfähig und deshalb froh, dass ich wegen der Ferien nichts Dringendes erledigen musste. Ich wachte morgens zerschlagen und müde auf, unabhängig davon, wie lange und wie tief ich geschlafen hatte, und fühlte mich grau, leer und zerknittert. Es kam mir vor, als müsste ich die ganze Bitternis des Lebens schmecken und sei unfähig, mich davon zu befreien.

Ein Gedichtvers, der mich zu früheren Zeiten schon einmal fasziniert hatte, ging mir nicht mehr aus dem Kopf. Es gibt von Paul Celan das Gedicht „Todesfuge", in dem er die Vernichtung der Juden während des Hitlerfaschismus in den Konzentrationslagern verarbeitet. Als Fugenthema, sozusagen als Dux, kommt immer wieder vor:

„Schwarze Milch der Frühe, wir trinken sie abends.

Wir trinken sie mittags und morgens,

wir trinken sie nachts, wir trinken und trinken ..."

und weiter:

„wir schaufeln ein Grab in den Lüften,

da liegt man nicht eng."

Diese „Schwarze Milch der Frühe" schwappte in meine Gedanken, kam dort zum Stocken, setzte sich fest wie zäh-klebriger Schleim. Und dazu entdeckte ich ein Bild wieder, das ich vor ein paar Jahren in einer ähnlichen, vorübergehenden Stimmung flüchtig – quasi nebenbei und eher zufällig – gemalt hatte: einen schwarzen Engel. Mit seinem aufgelösten, wirren Haar, seinem irren, verschreckten Blick und den heruntergezogenen Mundwinkeln erinnert er mehr an eine der Erinnyen als an einen Engel und er deutet mit seiner schwarzen Hand unerbittlich nach rückwärts.

Was ist dort? Was zeigt mir der Engel? Diese Fragen beschäftigten und quälten mich. Es ging mir nur besser, wenn ich Kontakt mit anderen Menschen hatte. Dann wurde mir leichter und ich konnte mich ein bisschen öffnen. Auch tat es mir gut, als die Ferien vorüber waren und die übliche Alltagsroutine wieder begann, die mich stützte und mir Halt und Struktur gab. Ich war froh, dass diesmal mein nächster Termin bei Peter Heinl nicht lange auf sich warten ließ, und fuhr mit dem Zug nach Mainz.

Unterwegs – so nehme ich mir vor – werde ich im Speisewagen essen. Doch je länger die Zugfahrt dauert, desto schlechter geht es mir. Übelkeit steigt in mir hoch und der Gedanke an Essen bewirkt, dass sich der Magen zusammenzieht und ich fürchte, mich übergeben zu müssen. Das bleibt auch so, als ich in Mainz aussteige. Deshalb trinke ich im Bahnhofsrestaurant einen Pfefferminztee. Ich habe entsetzliche Angst davor, dass mir bei Peter Heinl schlecht wird und ich mich übergeben muss, mitten auf seinen schönen Teppich. Allein die Fantasie darüber ist mir qualvoll und unangenehm.

Als ich schließlich bei ihm sitze, geht es mir schon ein klein wenig besser. Ich breite den Engel aus und erzähle ihm von all dem Schwarzen, das so unversehens über mich hereingebrochen ist und das ich weder verstehe noch einordnen kann. Peter Heinl schreibt die ganze Zeit über mit. Seit einigen Sitzungen hat er das angefangen und ich mag es gar nicht, weil ich dann so wenig Kontakt fühle und mich in meiner Spontaneität zu erzählen eingeengt glaube, weil ich zwischendurch rücksichtsvoll warten muss, bis er fertig geschrieben hat.

Dann steht er auf, wandert nachdenklich im Raum auf und ab und fragt mich plötzlich unvermittelt: „Wie ist es Ihnen eigentlich das letzte Mal hier bei mir ergangen?" Ich zögere und sage dann vorsichtig: „Gut!" „Wie gut?", will er wissen, „es gibt da ja Abstufungen." „Wirklich gut!", antworte ich.

Und füge dann spröde und unterkühlt hinzu: „So gut jedenfalls, dass hinterher ganz viele Gefühle von Wärme und Zuneigung bei mir da waren und ich Lust hatte, Ihnen etwas zu Weihnachten zu schenken." Mehr sage ich nicht, nehme ich mir vor. Kein Wort werde ich verlieren über die Gefühle, die ich darüber hinaus sehr intensiv hatte! Sie sind mir selbst ungeheuer peinlich und ich will sie auch nicht zulassen, weil sie ja doch Übertragung sein werden.

Er weiß auch so genug, das merke ich bei seinen nächsten Worten: „Ich vermute, dass es Ihnen sogar sehr gut gegangen ist." Er erinnert mich daran, dass wir in der vorangegangenen Sitzung unterschiedlich nah oder weit entfernt voneinander gewesen seien und dieser Abstand hätte immer gestimmt, sodass von meiner Seite aus keine Angst mehr zu spüren war und wir am Schluss gemeinsam einfach nur dagesessen hätten. „Wahrscheinlich ist auf dieser Basis, dass Sie sich so wohl gefühlt haben, ein sehr frühes Verlassenheitsgefühl aufgetaucht. Sie sind wirklich in einer Depression gewesen und vermutlich gehört dieses Gefühl in die ersten Lebensmonate."

Peter Heinl erklärt mir, dass ein Baby spüre, wenn die Bezugsperson es verlasse. Das müsse oft nicht die reale Abwesenheit sein, sondern auch eine innere Abkehr der Mutter, wie beispielsweise in der Wochenbettdepression, könne vom Säugling als Verlassenheit erlebt werden. In dieser Verlassenheit fühle sich das Baby halt- und beziehungslos, eventuell sogar unerwünscht.

Der schwarze Engel könne also beispielsweise mich selbst symbolisieren, wie ich mich deshalb auflösen wollte oder nicht mehr da sein möchte. „Wir schaufeln ein Grab in den Lüften ...", fällt mir ein, und gleichzeitig geht mir durch den Kopf, dass ich mit fünfzehn Jahren Tuberkulose bekam, also eine Krankheit, bei der man sich auflöst, die Schwindsucht, die auch mit dem Luftholen, Luftkriegen zusammenhängt.

„Möglicherweise", fährt Peter Heinl fort, „haben Sie als Baby den schwarzen Kern Ihrer Mutter gespürt und das ist jetzt wieder angestoßen worden. Vermutlich ist Ihr Verlassenheitsgefühl auch nicht durchgängig dagewesen, da Sie so sensibel auf Kontakte reagiert haben und es Ihnen dann besser ging. Auch im Zusammenhang mit dem Stillen kann das kleine Kind Verlassenheit empfinden, wenn es zu früh abgestillt wird oder nicht genug Milch bekommt. „Schwarze Milch der Frühe ...".

Auf einmal fällt mir wieder ein, wie übel mir auf der Herfahrt war, und ich erzähle ihm davon, weil ich das Gefühl habe, dass da etwas zusammenpasst. „Wie geht es Ihnen jetzt?", fragt Peter Heinl. Da merke ich, dass meine Übelkeit wie weggeblasen ist und dass ich einfach ganz normal Hunger habe. Als ich ihm das sage, bietet er mir etwas zu essen an, aber ich lehne ab. Ich mag hier in dieser Sitzung nicht essen. „Und wie ist es mit einem Tee?", fragt Peter Heinl. Wieder zögere ich. „Ich mache Ihnen wirklich gern einen!", fügt er nachdrücklich hinzu, als er meinen Konflikt bemerkt. So nehme ich schließlich sein Angebot an und er verlässt das Zimmer, um mir einen Pfefferminztee zu kochen.

In der Zwischenzeit soll ich mir überlegen, ob ich bemerkt habe, wann meine Gefühle umgeschlagen sind.

Das ist gar nicht so einfach, stelle ich fest, es hat sich ganz unmerklich vollzogen. Gut tat mir, dass er den Engel und die Auflösungsgefühle so direkt und sachlich ansprach und dass er das Stillen und die Verlassenheitsgefühle des Babys erwähnte. Das sage ich ihm, als er mit dem Tee wieder ins Zimmer kommt. „Ja", bestätigt er. „Immer wenn ich die Depression direkt angesprochen habe, hatte ich den Eindruck, dass etwas von Ihnen abfiel. Kurz danach haben Sie auch zum ersten Mal gelacht und sahen nicht mehr so bleich aus wie beim Hereinkommen."

Ich merke, wie erleichtert ich mich jetzt fühle und wie ich mich immer mehr entspannen kann. Es tut mir so wohl, dass Peter Heinl einfach Zusammenhänge herstellt und mir Erklärungen für meinen Zustand anbietet. Dabei kommt es mir nicht so vor, als stülpe er mir Deutungen über, sondern als könne ich entscheiden, was davon für mich passt und was nicht und ob ich es annehmen möchte oder nicht. Das bloße

Aufspüren und Benennen entlastet mich ungeheuer und nimmt mir die Angst vor unsagbaren, unverstandenen und unverständlichen Gefühlen.

„Diese ganz frühen Gefühle von Verlassenheit und die damit verbundenen Ängste haben Sie wohl auch in Beziehungen bisher gehindert, sich tiefer einzulassen", meint Peter Heinl zum Schluss. „Sicher wird sich da in der nächsten Zeit noch etwas tun, sodass Sie die Ängste, die Ihnen Kontakte erschweren oder verbauen, verändern können."

XII

„EIN FRÖHLICH HERZ ..."

Die Begegnung mit der „Schwarzen Milch der Frühe"
war der erste Schritt, mich gefühlsmäßig in die ganz frühe
Anfangszeit meines Lebens hineinzubegeben. Die eigent-
liche Arbeit fing jetzt erst an, aber glücklicherweise ahnte ich
das noch nicht. Immer stärker wurden nun auch die Zeiten
zwischen den Therapiesitzungen wichtig, um nachzuspüren,
Material zu sammeln, zu ordnen, eventuell Neues zu entdecken.

Als erstes bekam ich aus heiterem Himmel schlimmen
Muskelkater in den Oberarmen und den Oberschenkeln,
dazu ziemliche Rückenschmerzen. Obwohl ich nie eine
Wasserratte gewesen war, hatte ich plötzlich das Bedürfnis,
häufig schwimmen zu gehen, aber in warmem Wasser. In der

Nähe meiner Wohnung gibt es ein Solebad, das temperiert ist. Dorthin zog es mich mehrmals. Ich genoss es, mich im Wasser langsam zu bewegen, ohne mich dabei anzustrengen. Besonders schön fand ich es, einfach auf dem Rücken zu liegen und mich tragen zu lassen. Vor allem, dass mein Kopf getragen wurde, kostete ich immer wieder aus.

Ohne große Mühe wurde mir klar, dass ich am liebsten zurück in den Mutterbauch gegangen wäre und dass das Aalen im Schwimmbad nur ein etwas unvollkommener Ersatz dafür war.

Außerdem hatte ich über mehrere Wochen ständig großen Durst. Ich musste dauernd ziemliche Mengen trinken, weit über das Maß dessen hinaus, was ich sonst bei mir kannte.

Psychisch ging es mir schlecht. Oft fühlte ich mich sehr verzweifelt und alleingelassen, durcheinander und so, als hinge ich in der Luft – ohne Netz oder doppelten Boden. Dazu kam, dass ich mehrfach von A. träumte, aber keine Abschiedsträume, wie ich es sonst erlebt hatte, wenn Beziehungen zu Ende waren. Überhaupt musste ich viel an ihn denken. Mal sehnsüchtig, mal wütend, mal voll Schmerz oder mit totaler Verständnislosigkeit. Die Monate und Wochen zuvor hatte ich immer ein Gefühl des Getragenwerdens in diesem Punkt gehabt. Das war jetzt vollkommen verschwunden und hatte stattdessen Verwirrung, Orientierungslosigkeit und Ohnmachtsgefühlen Platz gemacht. Jedes Gespräch, das die Themen „Österreich" oder „Heirat" berührte, ließ mich innerlich zusammenzucken.

Um mir ein paar Informationen über meine ersten Lebenswochen zu holen, verabredete ich mich eines Abends mit meiner Mutter. Als ich zu Hause ankam, saßen dort schon mein ältester Bruder mit seiner Frau, die kurz auf einen Sprung hereinschauen wollten. Zuerst war ich enttäuscht, dann spürte ich, wie mehr und mehr eine Wut in mir wuchs, die ich aber nicht nach außen dringen lassen konnte, weil sie mir irgendwie fehl am Platz zu sein schien. Ich verstummte immer mehr und machte nur ab und zu ätzende Bemerkungen, die für die anderen überraschend feindselig waren und mich überhaupt nicht entlasteten. Der Abend schleppte sich dahin, bis ich mich entschied, wieder zu gehen.

Kaum saß ich im Auto, brach es dann aus mir heraus. Ich brüllte meine ganze angestaute Wut und meine Frustration hasserfüllt gegen die Windschutzscheibe. „Ich hasse euch, ich hasse euch!", schleuderte ich wieder und wieder heraus und brach in ein so wildes Schluchzen aus, dass ich selbst ganz erschrocken über diesen elementaren, archaischen Gefühlsausbruch war. Ich konnte mir zwar zusammenreimen, dass meine Wut früheren oder frühesten Lebenssituationen galt, in denen ich nicht genug bekommen hatte, aber trotzdem war ich sehr verstört. Noch zwei Tage danach war ich völlig durcheinander, vertat mich bei allen möglichen Gelegenheiten und konnte nicht richtig arbeiten. Erst allmählich beruhigte ich mich wieder.

Ich konnte meine Mutter dann doch allein treffen. Während wir miteinander sprachen, musste ich anfangen zu weinen, als die Rede auf A. kam. Meine Mutter stand von ihrem Platz auf und nahm mich – etwas ungeschickt – in die

Arme, um mich zu trösten. Ich merkte, dass ich mich bei ihr nicht fallen lassen konnte. Im Gegenteil spürte ich ganz viel Luft und Entfernung zwischen uns, was mir unangenehm war. So versuchte ich schnell, mich wieder zu kontrollieren. Das tat mir leid und ich machte mir Vorwürfe, dass ich sie innerlich so zurückstoßen musste mit ihrem Angebot. Aber es war für mich, als käme es fünfunddreißig Jahre zu spät. Eine Trostsituation aus meiner Kindheit, in der ich mich im Arm meiner Eltern hätte ausweinen dürfen, fällt mir bis heute nicht ein und meine Mutter sagt von sich auch offen, dass sie eine schlechte Trösterin sei.

Dafür hat meine Mutter immer gern und offen von früher erzählt, aus ihrer Kinder- und Jugendzeit, und mir einiges von ihren Gefühlen anvertraut. Als ich sie nun über meine ersten Lebenswochen befragte, war sie dagegen zurückhaltend und konnte – oder wollte? – sich an vieles nicht mehr erinnern.

Immerhin erfuhr ich von ihr, dass sie eine Brustentzündung bekam, als ich sechs Wochen alt war. Sie musste deswegen Medikamente einnehmen und fühlte sich zu der Zeit sehr allein und alleingelassen. Mein Vater war zu dem Zeitpunkt für vierzehn Tage zu einer Fortbildung gefahren und niemand – auch meine Großeltern nicht – sollte etwas von dieser Entzündung erfahren. Es ging ihr schlecht, sie band sich eine Brust hoch, stillte mich mit der anderen und tat die übrige Arbeit wie gewohnt.

Hatten vielleicht die Medikamente ihre Milch damals „schwarz" gemacht? Hatte ich ihre Einsamkeit und Verzweiflung in diesen Wochen gespürt? Es lag nahe, hier die Verbindung zu meinen Gefühlen in den vorangegangenen Wochen zu ziehen. Dass meine Mutter darüber hinaus „schwarze" Gemütszustände gut gekannt hatte, wusste ich, erlebte es aber in einem Traum noch einmal sehr deutlich:

Ich liege mit meiner Mutter in einem Bett. Sie hat sich die Decke über den Kopf gezogen, rührt sich nicht und gibt keinen Ton von sich. Das kommt mir merkwürdig vor. Als ich ihr die Decke wegziehe, sehe ich, dass sie nackt und ganz zusammengerollt wie ein Embryo daliegt und weint. Ich bin hilflos und betroffen und sage, wie um sie zu trösten: „Du bist doch so ein freundlicher und sanfter Mensch." Sie antwortet: „Ich bin deshalb so, weil ich nicht an die schwarzen Stellen in mir heranwill."

Meiner Mutter ist es immer sehr wichtig gewesen, fröhliche Kinder zu haben. In mein erstes Poesiealbum schrieb sie mir:

„Ein fröhlich Herz macht ein fröhlich Angesicht (Salomon) Möge Gott es Dir schenken. Mutti."

Ich weiß noch, dass ich ganz traurig wurde, als ich das in meinem Album las, vielleicht auch wegen der bedeutungsvollen Schwere, mit der meine Mutter es mir zurückgab. Damals war ich acht Jahre alt und konnte nicht begreifen, warum Gott mir ausgerechnet ein fröhliches Herz schenken sollte.

Bereits als Baby sollte ich für meine Mutter fröhlich sein. Es gibt ein kleines Büchlein, in das sie einige wenige Eintragungen gemacht hat, als ich ein Baby war. Insgesamt sind es nur sechs Stellen. An einer von ihnen schreibt sie:

„Du hast ein ausgesprochen heiteres kleines Gemüt. Gott erhalte es Dir!"

Und ein anderes Mal: „Du hast ein ausgesprochen fröhliches kleines Gemüt!"

Da sie selbst so oft nicht heiter oder fröhlich war, sollten wenigstens ihre Kinder es sein. Eine von ihren eigenen schwarzen Stellen wird dagegen in ihrem Tagebuch deutlich, wenn sie zwei Jahre vor meiner Geburt schreibt:

„Gestern bin ich wieder sehr von Selbstmordgedanken gequält worden. Ich dachte, das wäre nun zu Ende, aber es ist doch wiedergekommen."

Mit den Dokumenten aus meiner frühesten Kinderzeit beschäftige ich mich in den folgenden Wochen noch einmal sehr: mit den wenigen Fotos, die ich aus meinem ersten Lebensjahr besitze, mit dem Büchlein, mit dem Tagebuch meiner Mutter. Alle diese Unterlagen, was ich fand und was ich herausfand, bringe ich in den nächsten Sitzungen zu Peter Heinl und breite alles vor ihm aus. Es ist mir wichtig, in ihm einen Zeugen zu haben, der meine Empfindungen und meine

Puzzlearbeit annimmt und bestätigt. Wenn ich ihm meine Beweisstücke präsentiere, die ich zusammengesammelt habe und die meine früheste Familiensituation verdeutlichen, finde ich es notwendig, dass er gut zuhört. Das tut er auch. Meistens sagt er gar nicht viel dazu, sitzt nur aufmerksam und gesammelt da und lässt die Dinge auf sich wirken, die ich ihm vorstelle. Gelegentlich kommentiert er einen Aspekt, der ihm besonders auffällt. Beispielsweise die Schwere und die bedrückende Last, die im Tagebuch meiner Mutter ihrer Eheschließung vorausgeht; die patriarchalischen Strukturen mit dem allgegenwärtigen Gott, der aber nicht gleichzeitig allgütig ist. Und auch das hebt er heraus: Für meine Mutter sei offenbar der Gedanke sehr stark gewesen, dass mit der Ehe alles zu Ende wäre. Ebenso wird ihre ungeheure Angst vor körperlicher Nähe für mich greifbar.

Natürlich erzähle ich Peter Heinl auch, dass es mir schlecht ginge. Aber er gibt mir zurück, ich sähe voller, runder und genährter aus und er habe den Eindruck, dass es mir grundsätzlich besser ginge. Tatsächlich hatte ich zugenommen, wie ich später herausfand, als ich mich wog. Jahrelang war mein Gewicht praktisch gleich geblieben, es hatte sich im Grunde seit meinem sechzehnten Lebensjahr nicht wesentlich verändert und ich hatte mich kaum je darum gekümmert. Jetzt brachte ich plötzlich etwa vier Kilo mehr auf die Waage – und dieses neue Gewicht war dauerhaft.

Ich bin nicht zufrieden damit, dass mein subjektives Gefühl, dass es mir so schlecht geht, nur damit beantwortet wird, ich sähe besser aus. Deshalb äußere ich noch einmal deutlich, wie verzweifelt ich manchmal bin und dann glaube, von dieser Verzweiflung überrollt zu werden.

„Warum rufen Sie dann nicht an?", fragt Peter Heinl und bringt mich ins Schleudern. Dass ich hätte anrufen können, war mir gar nicht in den Sinn gekommen. Viel zu sehr dachte ich immer noch, ich müsste alles allein tun, selbst mit den Problemen oder auftauchenden Ängsten und bedrohlichen Gefühlen klarkommen. Ich war noch weit davon entfernt, mir Hilfe zu holen. Ich gestehe ihm, dass ich Angst hatte, ihn anzurufen. Angst davor, dass er am Telefon kühl und distanziert sein würde, weil er mich aufdringlich fände oder ich ihm lästig sei – meine vertrauten, frühen Erfahrungen.

Eindringlich sagt er mir, ich könne und solle ihn anrufen, wenn es mir schlecht ginge. Ich nehme das hin, schließe es aber insgeheim weiter für mich als unmöglich aus. Wenn ich irgendwann einmal das Gefühl haben sollte, ich wollte mich umbringen – dann vielleicht, aber sicher nicht eher, denke ich mir.

Dafür nehme ich etwas anderes wahr und bewahre es lange Zeit in meiner Erinnerung auf, ohne ihm je davon zu erzählen: Ich höre ihn atmen. Bisher hatte ich noch nie darauf geachtet, oder es war mir nicht aufgefallen. Während unseres Gesprächs lausche ich immer wieder auf seine Atemzüge. Wo auch immer er sich im Raum befindet, ich kann sein Atmen hören und finde es beruhigend, behaglich, schön. Ich fühle mich aufgehoben und geborgen.

Peter Heinl fragt auch, ob ich A. nicht anrufen könnte, um zu überprüfen, wie der Kontakt jetzt in Wirklichkeit sei, wenn ich mich doch mit meinen Gedanken und Träumen quälte.

Natürlich zähle ich ihm tausend Gründe auf, warum ich das nie tun würde – und tat es nach einiger Zeit trotzdem. Das Telefongespräch war kurz, klärte für mich aber eine Menge, weil ich noch einmal Bekanntschaft mit der Mauer schloss, die A. um sich aufgerichtet hatte und durch die er sich vor mir schützte. Kurz danach begann ich, mich besser zu fühlen und ich bedankte mich bei Peter Heinl für seinen guten Rat.

Als ich eines Abends zu Hause mit Ton und Fingerfarben experimentierte, weil ich am nächsten Tag in der Schule damit arbeiten wollte, schuf ich eine Teufelsfratze und eine Tonfigur mit einer überlangen, phallusartigen Nase. Beides verursachte mir Übelkeit und bei beidem dachte ich ganz stark an meinen Großvater, den Vater meiner Mutter, der meine Mutter durch zweideutige Übergriffe schon früh in Prüderie und Ekelgefühle Männern gegenüber getrieben hatte. Ich konnte diese Anteile meiner Mutter, ihre vom Großvater hervorgerufene Störung, auf einmal gut fühlen und merkte, dass Bild und Figur nur mittelbar mit mir etwas zu tun hatten. Peter Heinl bestätigte mich in einer späteren

Sitzung in dieser Wahrnehmung, indem er erläuterte dass es möglich sei, auch die familiäre Atmosphäre, die die Eltern geprägt hat, nachzuerleben.

XIII

IM ZEICHEN DES GORILLAS

Dann gab es einen Bruch in unserer Beziehung. Peter Heinl schlug am Ende einer Sitzung vor, meine Erfahrungen in der Therapie literarisch aufzuarbeiten. Im ersten Moment war ich von diesem Vorschlag ungeheuer überrascht, auch fühlte ich mich sehr geschmeichelt, war dann aber eigentlich zu diesem Zeitpunkt überfordert damit, was ich allerdings erst viel später merkte.

Zunächst fand ich den Gedanken faszinierend und es entsprach direkt meinen Wünschen, den Prozess, den ich durchlaufen hatte, zu verstehen und mit einigem Abstand mit Peter Heinl durchzugehen. Auf einmal war ich der festen Überzeugung, dass ich fertig sei mit meiner Analyse. Ich konnte keinen Punkt mehr entdecken, den ich noch hätte ansprechen sollen oder klären müssen. Da gab es nichts mehr, so viel ich auch nachgrübelte. Trotzdem war ich nicht besonders glücklich darüber.

Heute denke ich, dass ich den Vorschlag von Peter Heinl missverstand als Aufforderung, die Analyse abzuschließen und jetzt auf eigenen Füßen zu stehen. Auch als Kind hatte ich so schnell erwachsen werden müssen. Zu schnell für das, was ich noch gebraucht hätte. Und auch jetzt brauchte ich eigentlich noch mehr. Auf diesen Gedanken kam ich aber nicht und glaubte sicher, meine Analyse sei zu Ende.

Ein Zufall half mir auf die Sprünge. Peter Heinl hatte mir gesagt, er würde sich Anfang Mai telefonisch bei mir melden, um den nächsten Termin zu vereinbaren. Das tat er jedoch nicht. Mehrere Wochen lang war ich in Habachtstellung und informierte immer wieder meine Mitbewohnerin, mein Telefon abzunehmen, wenn ich nicht da war. Doch er meldete sich nicht.

Das rief die unterschiedlichsten Gefühle in mir wach. Zuerst war ich nur enttäuscht und fühlte mich ein bisschen verloren und irritiert, hin und wieder vermischt mit Traurigkeit. Dann merkte ich, wie mich die Situation frustrierte und dass ich es gründlich satt hatte, an einen Therapeuten geraten zu sein, der nicht verlässlich jede Woche zur gleichen Zeit und am besten noch zwei- oder dreimal greifbar und für mich da war. Das machte mich trotzig und ich fantasierte manchmal, wie ich ihn bestrafen könnte. Ich malte mir aus, wie er sich ärgern würde, wenn er mich bei vielen vergeblichen Telefonaten nicht erreichte, und eines war mir ganz klar: Ich würde um keinen Preis der Welt selbst bei ihm anrufen. Er sollte nicht glauben, dass ich ihn auch nur eine Spur vermisste oder brauchte.

Allmählich spürte ich aber immer stärker, dass ich unglaublich zornig war. Je länger es dauerte, desto mehr wuchs in mir eine ganz enorme Wut, die mich beinahe vollständig beherrschte und sehr leicht abrufbar war. Eigentlich freute ich mich beinahe über diese Wut, weil sie sich feurig und lebendig anfühlte. Daneben blieb jedoch die Gewissheit, dass sowieso nichts Relevantes mehr für die Analyse geblieben war.

Dann rief er endlich eines Abends an und schon drei Tage später konnte ich ihn sehen. Was geschah nun mit meiner Wut? Schon am Telefon war sie wie weggeblasen. Es blieb nur ein Gefühl von Erleichterung und Nachlassen der Anspannung.

Als ich vor ihm sitze, ist nichts davon zu spüren, dass ich mich jemals über ihn aufgeregt hatte. Aber irgendwie ist alles nicht „richtig". Ich bin bei sehr warmem Wetter hergekommen und fühle mich verschwitzt und mitgenommen, als ich bei ihm klingle. Als erstes entdecke ich, dass mein Sessel, in dem ich bisher immer gesessen hatte, nicht mehr an seinem Platz steht. Stattdessen erblicke ich dort einen ungemütlich aussehenden Stuhl, der zum Geradesitzen und zu Haltung zwingt. Viel lieber würde ich mich auf die Polster setzen, die auf dem Boden liegen, aber dann müsste ich zu Peter Heinl aufschauen. Das gefällt mir nicht. Also nehme ich doch widerwillig auf dem Stuhl Platz. Tatsächlich ist er so unbequem, wie ich vermutet habe.

In meiner Reichweite hockt der Stoffgorilla von Peter Heinl. Er guckt böse und aggressiv, als wolle er sich jeden Augenblick auf einen Feind stürzen und ihn verprügeln. Ein paarmal blicke ich zu ihm hinüber und merke, dass ich ihn gern auf den Schoß nehmen würde. Aber das passt jetzt nicht hier hin, beschließe ich und lasse ihn dort sitzen.

Peter Heinl spricht mich gleich zu Beginn der Sitzung auf die lange Zeitspanne an, die seit dem letzten Mal vergangen ist. Ich erzähle ihm, was dadurch alles in mir ausgelöst worden ist. „Und zum Schluss kam die Wut. Ich war auch böse auf Sie!", sage ich, fühle allerdings gerade gar nichts mehr davon und füge sehr brav noch hinzu: „Über die Wut bin ich sehr froh. Da sind wohl eine Menge frühkindlicher Anteile dabei." „Dann hat es ja sein Gutes gehabt, dass ich so lange mit dem Anrufen gewartet habe", antwortet Peter Heinl, „ich hatte immer das Gefühl, es sei noch nicht der richtige Zeitpunkt zum Telefonieren."

Zwar finde ich, dass er sich damit sehr geschickt aus der Affäre zieht, aber eigentlich bin ich ja gekommen, um ihm mitzuteilen, dass ich gar keine Analyse mehr nötig habe. Und das sage ich ihm jetzt auch.

Er ist ein bisschen überrascht, freut sich aber darüber, dass es mir so gut geht, dass ich glaube, ohne ihn auskommen zu können. Wir sollten es allerdings langsam auslaufen lassen, findet er. Im Herbst und am Ende des Jahres würden wir uns dann noch einmal sehen. Damit bin ich einverstanden. Den Rest der Zeit verbringen wir damit, über seine Methoden zu reden und ich erzähle, dass ich von seinem Vorschlag fasziniert sei, meine Erfahrungen aufzuschreiben, aber noch gar nicht wisse, wie das praktisch gehen soll. Am Ende der Sitzung gehe ich entspannt weg.

Ganz tief unten in mir spüre ich einen leisen Zweifel aufsteigen. Ist tatsächlich schon alles so weit erledigt, dass ich bereit bin zu gehen?

Der leise Zweifel wuchs sich rasch zu etwas viel Gewaltigerem aus, als ich geahnt hatte und öffnete mir die Tür zu der Geheimkammer in mir, vor der bisher immer ein Warn-schild mit der Aufschrift „Vorsicht – Explosionsgefahr! Nicht öffnen!" gestanden hatte.

Ich kriegte noch einmal eine solche Wut auf Peter Heinl, dass es mich fast zerriss. Deshalb setzte ich mich hin und schrieb ihm wieder einmal einen Brief. Allerdings hatte ich etwas Angst davor, ihm den zu schicken. Wie würde er ihn auffassen? Ich fürchtete, er könnte mir böse sein oder sich über mich ärgern. Vielleicht würde ich ihn dadurch sogar verlieren. Dennoch musste er wissen, wie ich mich fühlte und was ich dazu dachte, beschloss ich, und warf den Brief in den Kasten.

„Lieber Herr Dr. Heinl,

seitdem ich am vergangenen Freitag bei Ihnen war, bin ich durcheinander, beunruhigt und unzufrieden und allmählich scheint sich herauszuschälen, was es ist.

Als ich bei Ihnen war, habe ich mich die ganze Zeit über wirklich echt gefühlt, und es war richtig und in Ordnung, daran zu denken, nicht mehr zu kommen. Gewundert habe ich mich allerdings darüber, dass ich dauernd den Impuls hatte, den Gorilla auf den Schoß zu nehmen, der so dicht bei mir auf dem Boden saß. Ich habe flüchtig daran gedacht, dass es wohl mit Aggression zu tun hat, konnte aber nichts dazu fühlen. Schließlich hatte ich Ihnen ja ziemlich am Anfang schon gesagt, dass ich Wut auf Sie gehabt hatte.

Aber offenbar hat es nicht gereicht, das einfach so zu benennen. Es ist ja auch ziemlich unverbindlich – und damit ungefährlich –, von Wut zu sprechen, die ich „mal irgendwann" hatte, aber auf keinen Fall in der Situation Ihnen gegenüber spüre. Anscheinend brauche ich noch eine Art von Sicherheitsabstand, um mit dieser Wut in Kontakt zu kommen. Und am sichersten ist es natürlich, wenn ich mich eigentlich schon verabschiedet habe! Ich brauchte wohl auch nach der langen Pause einfach Zeit, mit Ihnen wieder vertraut zu werden. Jetzt allerdings sitze ich hier und fühle mich mit Wut und Frustration angefüllt bis zum Platzen.

Deshalb will ich Ihnen das schreiben, damit ich es nicht bis zum September mit mir herumschleppen muss.

Das, was ich so pauschal „frühkindliche Wut" genannt habe, hat Anteile, die sich ganz konkret auf die Situation richten, wie sie war. Ich war – wie ich schon erzählt habe – unheimlich enttäuscht darüber, dass Sie nicht, wie verabredet, Anfang Mai angerufen haben. Es hätte mir ja gereicht, einfach zu erfahren, dass Sie keine Zeit haben und deshalb ein Termin erst später möglich ist. Aber dieses Schweigen, der Nicht-Kontakt hat mich so verzweifelt gemacht. Es hat sich so nahtlos in meine Geschichte mit Männern eingepasst. Männer sind unzuverlässig, sie entziehen sich bzw. sind unerreichbar und lassen mich auflaufen, sie ziehen sich in ein tödliches Schweigen zurück und ich zähle dabei gar nicht. Und wenn ich dann meine eigenen Ansprüche anmelden würde, mich deutlich erkennbar machte mit meinen Bedürfnissen, dann wäre es ganz aus, dann brechen sie den Kontakt total ab oder weisen mich zurück.

Also wähle ich doch lieber die Alternative, so zu tun, als hätte ich keine Ansprüche oder Wünsche, bzw. wie in meinem Elternhaus, ich ziehe mich auf mich selbst zurück und mache alles allein mit mir ab. Und das ist der Punkt jetzt. Was ich am letzten Freitag so schön rationalisiert und als positiv hingestellt habe, hat auch die andere Seite, dass ich es anstrengend, frustrierend, mühsam und verbitternd finde, in der Therapie oder Analyse mit Ihnen so viel allein machen zu müssen und Hilfe und Unterstützung nur mal punktuell zu bekommen.

Natürlich wusste ich das vorher und habe mir das ja so gewählt und trotzdem hat es mich jetzt so wütend gemacht. Ich hätte so gern mal eine Erfahrung von Aufgehobensein, Verlässlichkeit, Regelmäßigkeit mit einem Mann. Das ist jetzt wahrscheinlich der frühkindliche Aspekt daran. Im Grunde habe ich es total satt, das dann immer auch noch zu durchschauen und zu verstehen. Jedenfalls glaube ich, dass ich es durchschaue und verstehe, weil es mich gleichzeitig daran hindert, diese Gefühle wirklich auszuleben.

Es gibt immer eine Instanz, die das alles beobachtend in einen größeren Rahmen stellt und mir „vernünftiges" Verhalten abverlangt. Genauso, wie sich jetzt auch schon wieder bei mir das Gefühl einstellt, ich sollte etwas von dem, was ich geschrieben habe, relativieren oder zurücknehmen, um Sie zu schonen, um mich Ihnen nicht zuzumuten. Dabei ist es ja nur brieflich und weiß Gott nicht jeden Tag dreimal.

Ich möchte Sie nicht kränken oder Ihnen Vorwürfe machen. Es hat einfach diese beiden Seiten: Dass ich sehr dankbar dafür bin, so grundsätzlich von Ihnen verstanden und angenommen zu sein, wodurch sich ja auch ganz viel verändert hat, und die andere Seite, dass es trotzdem immer nur so sporadisch war und ich so viel auf mich selbst zurückgeworfen war. Aber als Drittes stimmt trotzdem auch, dass der zeitliche Abstand gut für mich gewesen ist, damit sich etwas setzen bzw. sich etwas Neues den Weg ans Licht bahnen konnte.

Merkwürdig, nachdem ich das alles jetzt hingeschrieben habe, ist meine Wut größtenteils (fürs Erste?) verraucht.

Und je mehr ich darüber nachdenke, desto weniger hat es eigentlich tatsächlich mit Ihnen zu tun. Vielmehr sind es wohl auch noch Reste von Wut, die ich auf A. habe. Nachdem ich monatelang fast überhaupt nicht mehr an ihn gedacht habe, geht er mir in den letzten Tagen viel durch den Kopf und ich bin noch einmal empört darüber, dass er mich in dem Abschied so hat auflaufen lassen. Nicht, dass er sich nicht für mich entscheiden konnte, macht mich immer noch wütend, sondern dass er mir das nicht angemessen mitgeteilt und sich in Schweigen gehüllt hat. Oh, und da schließt sich der Kreis: Ich war nicht wütend auf Sie, weil Sie keinen Termin für mich hatten, sondern weil ich gar nichts mehr von Ihnen hörte.

Ich bin froh, das jetzt so losgeworden zu sein und hoffe, dass Sie diesen Brief nicht als Affront auffassen.

Ich wünsche Ihnen schöne Ferien.

Herzliche Grüße

Regula Dammring"

Zu meiner großen Überraschung bekam ich einen Antwortbrief. Ich hatte nicht damit gerechnet, sondern geglaubt, in der nächsten Sitzung im Herbst zu erfahren, wie mein Schreiben auf ihn gewirkt hatte. Es tat mir gut, so eine schnelle Rückmeldung zu bekommen. Auch wenn es nur wenige Zeilen waren, nahmen sie mir die Angst, es mir durch meinen Brief mit ihm verdorben zu haben. Seine ersten beiden Sätze sagten es mir:

„Gut, dass Sie mir geschrieben haben. Hat mich gefreut."

Dann folgte nur noch ein guter Wunsch für meine Sommerferien. Das war alles, aber es reichte völlig aus. Eine Weile rätselte ich noch daran herum, was an meinem Brief denn zum Freuen gewesen sein könnte, da mir schien, dass ich höchst unerfreuliche und heikle Dinge angesprochen hatte, aber dann ließ ich es auf sich beruhen.

XIV

LEBENSWUT

Wieder einmal ging es mir in den nun folgenden Wochen ziemlich schlecht. Ich rettete mich gerade noch bis in die Sommerferien, dann wurde ich krank. So krank wie schon lange nicht mehr! Während ich mit einer Freundin nach Schweden in den Urlaub fuhr, bekam ich eine Grippe mit hohem Fieber und verlor dabei für mehrere Tage meine Stimme. Noch vierzehn Tage später klang sie rau und spröde. Meistens lag ich apathisch im Auto, schlief oder döste und wollte nur meine Ruhe haben. Dabei wünschte ich mir sehnlichst, irgendwo zu sein und dort auch zu bleiben, nichts anderes zu tun, als aufs Meer zu blicken und von niemandem behelligt zu werden. Auch als ich nicht mehr krank war, fand ich jedes Kontaktangebot zu viel, und selbst meine Freundin wies ich oft schroff und verletzend zurück. Ich konnte einfach keine Nähe ertragen.

Dabei fühlte ich mich restlos pflegebedürftig und witzelte oft, dass ich gern in ein Pflegeheim eingeliefert werden wollte. Gleichzeitig spürte ich eine Feindseligkeit, die sich gegen alles und jedermann richten konnte. Es brauchte nur einen ganz kleinen Anstoß, um sie hochkochen zu lassen, wie das siedende Wasser im Kessel, das nur ein Fünkchen Feuer mehr benötigt, um sprudelnd überzukochen.

Immer wieder geriet ich auch in Situationen, die mich wütend machten, aber der Deckel war so fest auf dem Kessel, die Tür zur Geheimkammer so fest verschlossen, dass nur gelegentlich etwas davon nach außen drang.

Einmal hatte ich einen schlimmen Traum, in dem ich von einem unheimlich starken Erwachsenen gewürgt wurde. Dabei war es dunkle Nacht und eigentlich hatte ich mich gut versteckt. Ich wachte angstvoll und mit wild klopfendem Herzen auf. Diese Angst vor etwas Unbekanntem und mein

Bedürfnis, auf Distanz zu gehen und in Ruhe gelassen zu werden, verwirrten mich.

Auch Peter Heinl gegenüber blieben bei mir sehr ambivalente Gefühle. Das zeigte ein anderer Traum, den ich einige Wochen nach seinem Brief hatte. Er beginnt in freundlicher, zugewandter Atmosphäre und wird dann beklemmend:

Peter Heinl kommt überraschend in einen Raum, in dem ich sitze. Ich freue mich sehr, ihn zu sehen, strahle ihn an, gehe ein paar Schritte auf ihn zu und biete ihm einen Stuhl an. Wir sprechen über den nächsten Termin. Dabei duzen wir uns, das ist gleichzeitig vertraut und fremd. Hinter mir sieht er auf dem Schrank einen kleinen Korb mit zwei jungen Enten. Er holt sich den Korb heran und geht mit den Tierchen ganz natürlich zugewandt und liebevoll um. Wir sehen sie uns gemeinsam an und streicheln sie. Sie haben ein wunderschönes, noch flaumiges Gefieder, das wie Schuppen auf dem Körper liegt. Es ist leuchtend und prächtig. Oben am Hals schimmert es golden bis rotgolden, auf der Unterseite dunkelblau bis schwarz mit weißen Punkten darauf. Peter

Heinl nimmt eins der Entchen in seine Hände, dicht zu sich heran. Er streicht ihm am Hals entlang und dabei wird der Hals lang und länger, denn das arme Entchen hat furchtbare Angst. Deshalb reckt es den Kopf so sehr. Es guckt entsetzt und voll Panik. Ich sage vorwurfsvoll zu ihm: „Sieh mal, was du angerichtet hast!" Da lässt er das Tier los und es rennt erleichtert davon, um Futter zu holen.

Ich entdeckte in diesem Traum meine Gefühle wieder, die ich bei dem Vorschlag empfunden hatte, aus meinen therapeutischen Erlebnissen ein Buch zu machen. Das schöne Entchen, das liebevoll gestreichelt wird – es wird ihm geschmeichelt. Dabei muss es aber den Hals enorm recken – es wird überdehnt, überfordert. Es muss schneller wachsen als es wirklich kann, das aber macht ihm Angst.

Einen anderen Aspekt nannte mir Peter Heinl später. Er stellte fest, dass ich wohl immer noch, selbst wenn der Kontakt nah und liebevoll sei, Angst vor Verletzungen hätte. Ebenso bezweifelte er nicht, dass es ein ganz reales Trauma gegeben hätte, was mir Träume wie den Würgetraum beschere. Manche schmerzlichen oder schlimmen Erlebnisse könnten erst dann hochkommen und bearbeitet werden, wenn genügend andere positive, kompensatorische Erfahrungen den Hintergrund bildeten. Dass also eingebettet in den Schutz von Gutem das Schlimme erst sichtbar würde.

Mir machte das ein bisschen Angst. Ich kannte es, dass mein Hals meine empfindlichste Stelle war. Niemand durfte ihn berühren. Selbst wenn ich mich in zärtlicher Umarmung mit einem Freund befunden hatte, konnte ich meinen Hals nicht ausliefern. Es machte mir wirklich panische Angst, als ein früherer Freund einmal seine Hände liebkosend um meinen Hals gelegt hatte. Diese Angst fand ich im Ententraum genauso wieder wie im Würgetraum und ich befürchtete, dass nun noch etwas ganz Verstecktes und sehr Erschreckendes aus der Tiefe meiner Seele auftauchen würde. Ich wünschte mir, es möge bald geschehen, denn eigentlich hatte ich mehr Angst davor, dass es drinnen in mir festsaß und seine virulente Wirkung entfaltete, als dass es draußen im hellen Licht angeguckt werden könnte.

Möglicherweise gab es sogar einen Zusammenhang zu meinen Wutgefühlen?

„Vielleicht ist Ihre Lebenswut gedämpft worden?", vermutete Peter Heinl und mir fiel dazu ein, dass Wütend-Sein bei uns zu Hause nicht erlaubt war. Viel mehr gab es Wut einfach nicht. Sie wurde umgedeutet oder weggeredet, als wir älter wurden und vermutlich streng bestraft, solange wir sehr klein waren. Meine Wut ist, dachte ich, abgewürgt und ich bin in der Beziehung mundtot gemacht worden.

In diesem Zusammenhang hatte Peter Heinl eine Idee. Er fragte mich, wie ich denn den Gedanken fände, dass mir als ganz kleines Mädchen der Mund zugehalten worden sei, als ich schrie – vielleicht vor Wut, vielleicht aber auch, um mich bemerkbar zu machen, um dem Leben in mir, meiner Vitalität Ausdruck zu geben.

Ich fand den Gedanken naheliegend. Ohne große Emotionen räumte ich ein, dass das sicher möglich sei, zumal meine jüngere Schwester – eines der Zwillingskinder – eine sehr deutliche Erinnerungsspur an eben solch eine Behandlung von Seiten meines Vaters hatte. Warum sollte mein Vater bei mir nicht das gleiche Rezept angewandt haben?

Dass mein Vater mit uns Kindern nicht umgehen konnte, je kleiner wir waren, habe ich schon erwähnt. Er zog sich lieber zurück und überließ meiner Mutter das Feld, in der festen Überzeugung, dass sie viel besser geeignet sei, die Kindererziehung zu übernehmen.

Es gibt neuerdings von meinem Vater einen schriftlichen Rückblick auf sein Leben. Auf beinahe sechzig Seiten hat er sich an die Vergangenheit erinnert und aufgeschrieben, was ihm wichtig erschien. Wir hatten ihn seit langem darum gebeten, weil er ein so widerwilliger Erzähler ist, wenn es um ihn selbst geht. Von diesen vielen Seiten hat er mir persönlich sieben Zeilen gewidmet. Insgesamt werden wir Kinder auf – großzügig gerechnet – zwei Seiten abgehandelt.

Als ich ihn darauf aufmerksam machte, gab er mir folgende armselige Begründung dafür: „Ich habe sehr schnell gemerkt, dass ich mit Kindern nicht umgehen konnte. Zum

Glück hatte ich eine Frau, die das ausgezeichnet konnte. Deshalb habe ich lieber die Finger davon gelassen."

Mir zeigte es deutlich, wie wenig wir in seiner persönlichen Welt zählten. Nicht nur, dass wir eine Nebenrolle spielten, wir behinderten und störten ihn auch dauernd. Er brauchte und beanspruchte ständige Rücksichtnahme für sich und sein ach so wichtiges Amt. Nach seinen Bedürfnissen wurde der Tag gestaltet. Meine Mutter spielte dabei gut mit. Sie versuchte alles, dass wir nicht im Weg waren – um des lieben Friedens willen, aber auch, um sich selbst den Rücken freizuhalten und Ärger, vielleicht auch Wut, erst gar nicht aufkommen zu lassen.

Wie oft dämpfte und beschwichtigte sie uns. In der geheiligten Mittagszeit mussten wir alles unterlassen, was irgendwie mit Geräuschen verbunden war. Wir hatten uns nach unserem Vater zu richten oder nach seinen Amtsgeschäften. Seine Überforderung, die er sich freiwillig zumutete, war zu unserer Überforderung geworden, die wir unfreiwillig zu erdulden hatten. Eigentlich habe ich es nie erlebt, dass er einmal seinen Dienstplan nach uns richtete. Meistens ging alles andere vor. Häufig war er reizbar und genervt und vollkommen unzugänglich und äußerte öfter, dass ein Pastor eigentlich nicht heiraten sollte. Für den Zölibat hatte er bedeutend mehr Verständnis als für lebendige, fordernde Kinder. Ich wuchs auf in einer Atmosphäre von Überlastung, Anspannung, unterdrückter Aggressivität und Abwehr. Forderungen? Die gab es nicht. Wir hatten keine zu haben.

„Kinder mit `nem Willen kriegen eins auf die Brillen!", war ein Satz, den ich schon früh hörte. Er wurde bei uns zu Hause zwar leicht ironisch zitiert, aber sinngemäß wurde ihm doch entsprochen.

Sehr gut konnte ich mir vorstellen, dass mein Vater dann, wenn ein Baby lautstark und fordernd brüllte, versuchte, dieses Gebrüll mit aller Gewalt zu stoppen. Notfalls damit, dass er dem kleinen Wesen den Mund zuhielt? Hatte ich auf zupackendes oder forderndes Verhalten nur Versagung erlebt? War mir die Lebenswut tatsächlich abgeschnitten worden?

Auch wenn ich zunächst keine Gefühle, konkrete Erinnerungen oder Bilder dazu bekam und es in der Analysestunde als eher beiläufige Bemerkung stehenblieb, hatte ich den Eindruck, von Peter Heinl auf einen ganz zentralen Punkt gestoßen worden zu sein. Irgendwie passte alles zusammen. Alle Hindernisse, die ich in meinem Leben zu überwinden hatte und alle Einengungen, die ich spürte, ließen sich, in diesem Licht betrachtet, gut erklären und verstehen:

Mein Gefühl, dass ich von anderen Menschen nichts erwarten kann und darf und nicht bitten oder gar fordern kann, sondern abwarten muss, was man mir gibt.

Die Grundannahme, dass ich ruhig und vernünftig, still und unauffällig sein muss, und die Angst, ich würde abgelehnt, wenn ich einmal laut und unangepasst bin oder mich einfach nur zeige.

Dass ich mich als Konsequenz aus allem lieber auf mich selbst zurückziehe, mich aber so oft unbeweglich und gelähmt fühle.

Meine Angst, Dinge einfach auszuprobieren und anzu-packen, anstatt sie an mich herankommen und mich von ihnen überrollen zu lassen.

Aber wo blieben meine Gefühle? Sie ließen nicht allzu lange auf sich warten. Seitdem Peter Heinl mir seinen Einfall unterbreitet hatte, brodelte und gärte es in mir. Ich fühlte mich sehr unausgeglichen und voll innerer Anspannung. Wie immer in solchen Situationen war das einzige Ventil für mein Durcheinander das Malen. Wenn nichts anderes mehr ging, war das noch ein letzter Weg, mich zu entlasten.

Ich setzte mich also hin und es entstand auf dem Blatt zu meiner vollkommenen Verblüffung zuerst ein Schmetter-ling. Aber dabei blieb es nicht. Nach und nach formte sich ein getreuliches Abbild dessen, was in mir vorging: ein chao-tisches, wildes Gebilde aus schwarzen Strichen, Worten, Pfeilen, die den Schmetterling nahezu unkenntlich machten und zudeckten. Eigentlich konnte ich nichts damit anfangen und ich fühlte mich danach auch nicht besser.

Am nächsten Tag lag ich auf meinem Teppich und hörte Musik. Dabei hatte ich die Augen geschlossen und überließ mich ganz den Klängen und dem, was sie in mir aufsteigen ließen. Zuerst sah ich heitere Bilder hinter meinen geschlossenen Augenlidern, plötzlich aber spürte ich ganz viel Traurigkeit in mir. Ich nahm sie anfangs nur körperlich wahr. Es begann unten im Bauch als ein Ziehen und stieg dann immer höher, bis es den Hals, die Kehle erreichte. Ich musste mich aufsetzen und fing unvermittelt zu weinen an. Es war zunächst ein leises Weinen, aber es steigerte sich mehr und mehr, wurde lauter, wütender, brüllender. Alles an mir zitterte jetzt, meine Beine, meine Arme, mein Rumpf. Auf einmal musste ich husten, ich würgte, als hätte ich etwas Ekeliges verschluckt, und dann übergab ich mich. Danach zitterte ich noch mehr am ganzen Körper, meine Zähne schlugen aufeinander und ich klammerte mich an meinem Bücherregal fest, um etwas Halt zu spüren.

Dabei fühlte ich den Impuls, um mich zu schlagen und zu treten, und ich reagierte mich an meinem Bett ab. Ich weinte noch sehr lange und auch das Zittern dauerte an.

So lange dieser Ausbruch währte, hatte ich keine Gedanken in meinem Kopf. Danach malte ich ein weiteres Bild, in dem ich Entsetzen und Angst wiederfinde und qualvoll verkrampfte Hände. Ich habe es „Erstarrter Schrei" genannt.

Mehrere Tage lang spürte ich große Traurigkeit und dabei entstand ein drittes Bild. Dann aber, fast unmerklich erst, jedoch allmählich immer stärker werdend, ging es aufwärts. Von Tag zu Tag fühlte ich mich besser, strahlender, lebensvoller, so als hätte ich die qualvolle Zeit der Verpuppung endlich hinter mir und könnte nun schmetterlingsleicht der Sonne entgegenfliegen.

Damit einher ging eine intensive Beschäftigung mit Religion und Kirche, die ich in der Form und Radikalität lange nicht mehr geführt hatte, und ich entschloss mich, Vater Kirche den Rücken zu kehren. Für mich war es Vater Kirche, den ich ablehnte, und nicht Mutter Kirche. Vater Kirche hat autoritäre Strukturen, wird von Männern verwaltet und geleitet und führt diese Männerherrschaft zu seiner Legitimation in direkter Linie auf Christus und Gott zurück. In Vater Kirche war für mich kein Platz mehr – übrigens schon lange vorher nicht, aber ich hatte mich nicht bewusst damit auseinandergesetzt. Mutter Kirche gab und gibt es in meinen Augen nicht. Sie kann auch auf den alten, angestammten Strukturen – zum Teil glücklicherweise nur noch Ruinen – nicht errichtet werden. Wahrscheinlich müsste sie eine ganz andere Basis haben. Ich glaube, Mutter Kirche würde zyklisch denken und nicht linear vom Leben zum Tod und vielleicht zur Auferstehung. Auf jeden Fall würde sie das Leben feiern und nicht den Tod oder eine ferne Auferstehung.

Das Leben feiern – das wollte ich jetzt. Spaß haben, mich an mir und anderen und der Welt freuen. Und das gelang mir gut. Alle spürten es, meine Kollegen, meine Schulkinder und meine Freundinnen und Bekannten. Wieder einmal ging ich zusammen mit einem Kollegen auf Klassenfahrt. Nein, ich verliebte mich nicht in ihn, aber ich genoss unser Zusammensein und die gemeinsame Arbeit. Zum ersten Mal erlebte ich, dass man sich als Mann und Frau Verantwortung teilen kann. B. übernahm selbstverständlich und ohne ein Wort darüber zu verlieren einen Teil der anfallenden Aufgaben. Meistens waren Absprachen nicht nötig. Wir ergänzten uns und ich fühlte mich wirklich entlastet. Ich war in dieser Woche sehr fröhlich und zufrieden, was uns allen gut tat. Besonderen Spaß machte es, miteinander und auch mit den Kindern herumzualbern und uns gegenseitig zu necken. Oft dachte ich, dass es mir wenigstens in meinem Beruf gelungen war, den richtigen Mann an meiner Seite zu wählen, denn ich hatte mir B. bewusst selbst ausgesucht und mich dafür eingesetzt, ihn für meine Klasse als Kollegen zu gewinnen.

In meinem Freundeskreis machte sich meine neue Lebendigkeit ebenfalls bemerkbar. Auch Peter Heinl merkt es, als ich im Dezember wieder bei ihm bin, und er stellt fest, dass ich „geheilt" sei, jedenfalls in dem Problem, mit dem ich gekommen sei. Das sieht er auch in einem Traum bestätigt, den ich einige Zeit vorher gehabt hatte und den ich ihm nun erzähle:

Ich gehe durch den Flur eines psychiatrischen Krankenhauses. Dabei treffe ich auf einen Mann und eine Frau. Über beide hatte ich schon vorher einen Bildbericht im *Stern* gelesen. Dort waren sie als geheilt beschrieben worden, aber jetzt sind sie wieder hier, weil sie einen Rückfall hatten. Die Frau hat riesige Augen, die einen schrecklichen Ausdruck haben. Das fasziniert mich, macht mich aber auch ängstlich, da sie geistesgestört ist. Ich bin froh, dass ich aus dem Stern-bericht weiß, dass sie nicht gewalttätig ist.

Dagegen habe ich vor dem Mann große Angst. Er ist riesig und stark. Zuerst denke ich, dass er mir nichts tun wird, weil ich mich ja in einem geschützten Rahmen befinde. Dann sehe ich ihm in die Augen und begegne seinem irren und verstörten Blick. Als er meinen Blick auffängt, streckt er seine große, schwarze Hand aus. Mit gespreizten Fingern will er nach mir greifen. „Er wird mich erwürgen!", denke ich in Panik, kauere mich auf dem Boden zusammen und ziehe meinen Kopf ein, damit er meinen Hals nicht erreicht. Aber seine Hand geht mit mir herunter. Ich sehe sie genau vor mir in einer herrischen, knechtenden Geste, die wie ein Bann auf mich wirkt. Dabei stößt der Mann zornige, tollwütige Laute aus.

Plötzlich reißt mich jemand rückwärts von hinten hoch und von ihm weg und hebt mich mit kraftvollen Armen wie ein Baby ganz hoch über seinen Kopf, sodass ich von oben auf den Mann blicken kann. Es ist der Irrenarzt, der mich hochgehoben hat. Er hat das als gezielte und richtige Therapie für den Mann eingesetzt, denn jetzt, da ich von oben auf ihn hinuntersehe, ist er überrascht und hat keine Kraft mehr für den Würgegriff. Weil er zu mir aufblicken muss, ist der Bann gebrochen, seine Macht über mich verlorengegangen.

Als ich Peter Heinl den Traum berichtet habe, sagt er belustigt: „Verdammt guter Irrenarzt!" Dann fügt er hinzu: „Ich glaube, dass Sie sich jetzt tatsächlich auf einer Art höheren Umlaufbahn befinden und so auf die Ängste vor den Männern von einer neuen Warte aus hinunterschauen können."

Ich habe in dieser Sitzung viel Freude daran, auch mit ihm Scherze zu machen oder sogar mutwillig zu sein und zusammen mit ihm darüber zu lachen. Wir haben viel zu lachen diesmal. Ich bin völlig entspannt und fühle mich sicher und lebendig. Aber trotzdem registriere ich genau, dass ich immer dann, wenn der Kontakt direkter, persönlicher oder näher zu werden droht, geschickt ausweiche. Es sind nur sehr kleine Wendungen im Gespräch, doch ich vermeide sie alle, umschiffe die Klippen und steuere das Schiff in ganz unverfängliches Fahrwasser. Immer noch kenne ich mich besser aus, wenn es um Probleme oder Träume oder frühe Kindheit geht. Das sind mir vertraute Untiefen. In die gefährlichen Buchten von Beziehung wage ich mich noch nicht. Allzu leicht könnte man sich da verirren und untergehen. Das ist, denke ich, die letzte Hürde, die ich noch zu nehmen habe, dann wäre ich fertig. Peter Heinl sagt beim Abschied, ich solle mich melden, um einen neuen Termin zu vereinbaren. Falls ich es jedoch nicht täte, würde er es tun. Es ist das erste Mal, dass er es mir so explizit in die Hand gibt, selbst den Kontakt wiederherzustellen, und ich fühle mich durchaus in der Lage, das jetzt zu tun. Doch es kommt alles anders.

XV

MÄNNER HASSEN KLEINE KINDER

In meinem persönlichen Umfeld änderte sich etwas, das mir einen heftigen Rückschlag versetzte. Seit mehreren Jahren wohnte ich mit einer Kollegin und Freundin zusammen in einem kleinen Haus, sie oben, ich unten. Wir teilten uns die Küche, die unten bei mir lag, alles andere hielten wir getrennt. Wir waren verschieden wie Tag und Nacht, hatten auch unterschiedliche Freundeskreise und verbrachten unsere Freizeit jeweils mit ganz anderen Dingen. Aber im Alltagsleben kamen wir gut miteinander aus und hatten gelernt, uns in Ruhe zu lassen. Dabei war mein Bedürfnis nach Rückzug und Abgrenzung wesentlich größer als das von meiner Freundin.

E. hatte einen Freund, der jedoch nicht in unserem Ort wohnte. Eines Tages eröffnete sie mir, dass sie schwanger sei. Ich freute mich darüber, denn ich stellte mir vor, dass wir beide im Wesentlichen gemeinsam für das Kind da sein würden. Gern wollte ich ein Stück Verantwortung mit übernehmen und dachte es mir als eine Bereicherung, zumal ich selbst auch immer Kinder hatte haben wollen. Aber schon als sie ihren Mutterschaftsurlaub begann, merkte ich, dass ich mit den veränderten Umständen nicht gut zurechtkam. Plötzlich hatte sie einen Lebensrhythmus, der sich völlig von meinem unterschied, und ich neidete ihr die unendliche Fülle von freier Zeit und Möglichkeit zu individueller Gestaltung. Ich entdeckte auch, wie wenig ich eigentlich zu Hause war und wie viel von meiner Zeit terminlich festgelegt war.

Dazu kam, dass ihr Freund G., der arbeitslos war, jeweils mehrere Tage in der Woche bei uns lebte. Das gefiel mir ebenfalls nicht, da es mich zwang, bei einer Partnerschaft zuzusehen, ohne selbst eine zu haben.

Als das Kind da war – ein Mädchen –, verschärfte sich die Situation für uns alle. Plötzlich lebte ich mit einer Kleinfamilie zusammen statt mit einer Frau. Die Beziehung zwischen G. und E. wurde enger und sie drehten sich beide ständig nur um das Kind in einer Intensität und Ausschließlichkeit, die mich erschaudern ließ. Ich fand meinen Platz nicht mehr, fühlte mich gänzlich an den Rand gedrängt und litt auch darunter, dass mein Wohnbereich so stark in Mitleidenschaft gezogen wurde, da ja die Küche bei mir war. Deshalb konnte ich mich nicht genügend abgrenzen und merkte, wie empfindlich ich eigentlich in der Hinsicht war.

Ich fand es schön, mit der Kleinen umzugehen, sie zu baden oder mich mit ihr zu beschäftigen, konnte das aber nur, wenn G. nicht da war – der jetzt noch öfter bei uns wohnte als vorher. Auch das war anders, als ich gedacht oder wir besprochen hatten. Abgesehen davon, dass ich mich sofort nicht mehr zuständig fühlte, wenn G. auftauchte, passte auch mein Lebensrhythmus mit dem des Kindes nicht zusammen und es gab Tage, da sah ich die Kleine gar nicht.

Ich bemühte mich enorm, mich mit der veränderten Situation abzufinden oder mich daran zu gewöhnen, aber ich wurde immer aggressiver und verbissener, vermied meine Wohnung und zog mich immer mehr in mich selbst zurück. Mit E. konnte ich die Dinge gelegentlich besprechen, aber G. hatte unter meinem Verhalten sehr zu leiden.

Neben all diesem hatte ich zwei Alpträume gehabt, in denen wieder die Verbindung von Zärtlichkeit und Würgen als Motiv vorkam, und ich hatte Angst, immer noch nicht auf das gestoßen zu sein, was mir all dieses erklärte. Vielleicht gab es ja doch noch ein weiteres, verstecktes Trauma. Gleichzeitig wuchs mein Hass auf „die Männer", und es kam mir vor, als sei ich diesbezüglich um Jahre zurückgeworfen.

Eines Nachts wachte ich auf und fühlte eine solche geballte Ladung Wut auf die Männer, die wie ein harter Fremdkörper in mir saß. Dazu findet sich in meinem Tagebuch:

„Ich bin wütend auf die männlichen Macher (Macker), die sich von Frauen aushalten lassen, die sich den Rücken von ihnen freihalten lassen und selbst nur aufgeblähtes, hohles Zeug reden, ohne wirklichen Kontakt zu sich, ihren Gefühlen oder gar den Gefühlen anderer Menschen. Männer, die sich das nehmen, was sie brauchen – und sei es auch nur die Selbstbestätigung, die aus einer netten Begegnung erwächst. Männer, die sich vor Verantwortung drücken und sich ganz schnell verpissen, wenn es verbindlicher werden soll. Ich hasse sie alle! Sie machen Kriege" – der Golfkrieg hatte gerade begonnen und belastete mich sehr – „sie sind potenzielle Vergewaltiger, sie gehen über Grenzen. Ich hasse sie und verabscheue sie aus dem tiefsten Grund meiner Seele! Scheinheiliges Gesindel!!!"

Diese Tirade – sie geht noch etwas weiter – kam aus meinem Innersten. Merkwürdigerweise merkte ich ganz genau, dass alle diese Gefühle von Hass und Wut nicht mit dem zusammenpassten, wie ich die Männer in der Realität jetzt erlebte und sah. Im Gegenteil gelang es mir mehr und mehr, entspannten, fröhlichen und freien Kontakt zu ihnen herzustellen und das Zusammensein mit ihnen zu genießen, selbst wenn sie mir nicht so vertraut waren. Ich war wieder einmal ratlos und verzweifelt.

Das erste Mal nun versuchte ich von mir aus, Peter Heinl anzurufen. Etwa zwei Wochen lang probierte ich es vergeblich, dann endlich erreichte ich ihn. Wie ich es auch schon vorher oft beobachtet hatte, entspannte ich mich sofort, als ich seine Stimme hörte, und so kam meine Klage darüber, dass es mir nicht gut ginge, weniger überzeugend heraus, als ich gedacht hatte. Jedenfalls meinte Peter Heinl, er habe den Eindruck, dass es nicht ganz so schlimm um mich bestellt sei. Da er etwas Zeit hatte, sollte ich ihm kurz schildern, was denn mit mir sei. Aber ich konnte es nicht richtig benennen. Die veränderte Wohnsituation und der Kampf um meinen Platz, mich zu behaupten oder nicht verdrängen zu lassen, mischten sich mit den Alpträumen, dem Golfkrieg und dem Männerhass. All das konnte ich am Telefon nur andeuten und so verschoben wir die Klärung auf unser Wiedersehen. Hinterher hatte ich das Gefühl, er habe mich gar nicht ernst genommen bzw. mir nicht geglaubt. Das machte mich ärgerlich.

In der Nacht vor unserer Begegnung träumte ich:

Ich bin Zuschauerin in einem englischen Krimi. Ein Mann bedroht ein Paar, dem ein Glasgeschäft gehört. Er hat eine Wunderwaffe, mit der er ein Loch in die Schaufensterscheibe schießt und die Frau zwingt, ihren Kopf dort hindurch zu stecken. Wenn sie sich bewegt, werden die Scherben ihr den Hals durchschneiden. Es wird böse enden, das ahne oder weiß ich. Der Mann wird die Frau foltern und sie in Arme und Hände schießen, dass sie sich gar nicht mehr abstützen kann und zwangsläufig in die Scheibe fallen muss. Ich kann es nicht aushalten, das mit anzusehen und muss weggehen.

Wenn ich noch etwas Zeit habe, laufe ich vor den Sitzungen meistens über die Rebenhügel und Kirschplantagen, die das kleine Dorf bei Mainz umgeben, in dem Peter Heinl wohnt. So mache ich es auch heute. Oft fühle ich mich dann erfrischt und mein Geist hat sich ein bisschen geklärt, bevor ich in die Analyse gehe. Manchmal überlege ich mir dabei, was ich keinesfalls vergessen möchte, Peter Heinl zu erzählen. Diesmal geht mir viel durch den Kopf, aber ich nehme mir nichts vor, kann mich auch für nichts so recht entscheiden.

Zum ersten Mal, seitdem ich zu ihm fahre, wünsche ich mir halbherzig, Peter Heinl möge den Termin zufällig vergessen haben, sodass er ausfallen könnte. Ich gehe diesmal nicht gern zu ihm und habe eine vage Ahnung, dass es sehr schwierig werden wird. Es geht mir schlecht und ich bin mir böse deswegen. Letztes Mal, als ich hier war, war es mir so ungeheuer gut gegangen und das soll es auch weiterhin! Überdies glaube ich auch, Peter Heinl zu enttäuschen, wenn ich nun diesen Rückfall habe.

Er begrüßt mich sehr ernst. Als erstes verweigere ich voll Trotz und sehr vehement den Stuhl, der mich ja nun schon öfter gestört hatte, und kauere mich auf eins der am Boden liegenden Polster. Zwar merke ich sofort, dass ich gar nicht gut dort sitze, aber ich will ein Zeichen setzen und deutlich machen, dass ich den Stuhl für eine Zumutung halte.

Als mich Peter Heinl fragt, wie es mir geht, sage ich mit ganz kleiner, verlorener Stimme, die mich selbst überrascht wegen ihrer Piepsigkeit: „Nicht so gut." Eigentlich fühle ich erst jetzt das ganze Ausmaß dessen, was „nicht so gut" in den letzten Wochen und nun hier bedeutet. Schon häufiger hatte ich erlebt, dass sich das, was ich unklar oder diffus in mir trug, wie unter einer Lupe oder einem Brennglas verschärfte und prägnant wurde, wenn ich bei Peter Heinl saß und die ersten Worte sprach.

So ist es auch jetzt. Schlagartig merke ich, was für schwere Lasten ich mit mir herumgeschleppt hatte in den letzten Wochen und wie sehr sie mich niedergedrückt hatten. Ich erzähle, dass ich nicht gern gekommen bin und schildere, was mich nach unserem Telefongespräch so ärgerlich gemacht hatte: Mein Eindruck, ich müsse mich für meine Gefühle rechtfertigen oder es dürfe mir nicht mehr schlecht gehen oder er glaube mir nicht. Aber Peter Heinl hält mir vor Augen, dass er es weder so gesagt noch gemeint habe. Er habe mir lediglich eine Rückmeldung gegeben. Warum ich denn nicht weggeblieben sei, da ich doch gehofft habe, die Sitzung möge nicht stattfinden? „Ich habe gemeint, dass ich dann den Knoten nicht lösen kann", erwidere ich.

„Vielleicht können Sie den hier auch nicht lösen! Vielleicht heißt die Lösung, hier unzufrieden früher wegzufahren", sagt er kühl und sachlich. Kein Necken, alles sehr ernsthaft. Ob es eine Provokation sein soll, weiß ich nicht. Wenn ja, dann erreicht sie mich nicht. Mühsam und lahm kommt meine Antwort. „Dann kann ich es auch nicht ändern." Das ist eine reine Feststellung! Kein Trotz oder gar Aufmüpfigkeit! Unter anderen Umständen hätte mich seine Bemerkung sicher getroffen oder auf die Palme gebracht. Aber ich mag mich nicht streiten, will auch keine Grundsatzdiskussion darüber. Was will ich eigentlich? Das einzige, was ich spüre, ist eine ungeheure Schwere, eine Art von Lähmung, die mich nach Worten ringen lässt, mich am Denken hindert, mit ihrer Schwärze undurchschaubar ist. Wie in zähem, bitterem Sirup komme ich mir vor. Und dazu bin ich unendlich traurig.

Die ganze schlimme Traurigkeit möchte ich gar nicht fühlen und Peter Heinl auch nicht zeigen. Ich gucke lange weg, weil ich mit den Tränen kämpfen muss. Dann erzähle ich wenigstens ein bisschen von der Situation zu Hause bei mir und dass ich dauernd auf Paare gestoßen bin und dabei gemerkt habe, wie neidisch ich bin und gleichzeitig wie hilflos bei dem Wunsch, das selbst auch zu haben. Dazu im Gegensatz aber mein Männerhass mit dem Grundgefühl, dass alle Männer potenzielle Mörder oder Vergewaltiger seien. Auch dabei kommen mir die Tränen.

Alles, was ich sage, kommt nur stockend, unzusammenhängend, in zähen Brocken. Nichts fließt. So, als würden nur gelegentlich Stücke von verharschtem Schnee losgetreten, die polternd den Abhang herunterrutschen und dabei nur den Blick auf noch viel mehr davon freigeben. Meine Schwierigkeiten zu denken und zu sprechen werden immer stärker. Ich kann Peter Heinl auch kaum mehr ansehen, bin aus dem Kontakt nach einer Weile völlig ausgestiegen. Dabei fühle ich mich sehr verzweifelt und alleingelassen. Er geht im Raum auf und ab, wie immer, wenn er sich konzentriert und nachdenklich ist. Manchmal dreht er mir dabei den Rücken zu, wenn er aus dem Fenster schaut. Ein paarmal wendet er sich mir direkt zu und sieht mich prüfend, sehr zugewandt und sehr offen an, aber ich kann seinen Blick nur verzweifelt und tränenumflort zurückgeben und nur einen ganz kurzen Moment aushalten.

Ich wünschte, er würde verstehen und mir helfen. Von mir aus kann ich nicht heraus aus diesem Packeis.

Er erinnert mich noch einmal an die vielen Sterbefälle im Kontext von Geburten in meiner Familie, aber mir reicht das nicht aus, um meinen Zustand zu erklären und zu verstehen. „Gut, dann suchen wir weiter!", meint er geduldig. Noch einmal fange ich mit E. und dem Kind an und schildere genauer, dass ich froh bin, wenn G. weg ist, und ich mich nur dann entspannt fühle. Doch auch das kommt mühselig und eher zusammenhanglos aus mir heraus und bringt uns erst mal nicht viel weiter.

Nach ungefähr einer Stunde bittet er um eine kleine Pause und geht aus dem Zimmer. Ich lehne meinen Kopf an die Wand und schließe die Augen, verwirrt und erschöpft, traurig und ausgehöhlt. Leer gepumpt komme ich mir vor und kraftlos, so müde, dass ich mich am liebsten auf die Polster legen und schlafen würde. Nicht noch mehr Anstrengung. Ich will nur noch ausruhen.

Wenige Minuten später kommt Peter Heinl wieder herein, setzt sich hin und fragt unvermittelt: „Was möchten Sie mir eigentlich heute sagen?" Ein Schreck durchfährt mich und ich merke, wie ich rot anlaufe. Glaubt er, ich halte ihn die ganze Zeit zum Narren? Ich sehe ihm ins Gesicht und spüre, wie jeder fassbare Gedanke, der sich noch irgendwie in meinen Gehirnwindungen hätte versteckt halten können, nun endgültig aus mir weicht. „Ich weiß es nicht", antworte ich und das ist die reine Wahrheit. Zu Hause hatte ich mir so viel aufgeschrieben, aber davon ist nichts geblieben. Nichts weiß ich heute.

„Glauben Sie, ich mache ein Spielchen mit Ihnen?", frage ich dann. Aber er verneint spontan und entschieden und sagt nur, er habe das Gefühl, ich hätte etwas sehr Wichtiges noch nicht gesagt, das das Ganze erhellen könnte.

Immerhin kann ich ihm nun noch sagen, dass ich vollkommen erschöpft bin und am liebsten schlafen würde. Eine Weile schweigen wir beide.

Plötzlich sagt er: „Ich habe einen Einfall. Kann es sein, dass in Ihrer Familie die Männer die Frauen hassen?"

Ich zucke innerlich zusammen bei seiner Frage und wundere mich darüber. Dann überlege ich eine ganze Weile und antworte schließlich: „Darüber weiß ich nichts. Mein Vater hat die Frauen eher gar nicht gekannt, sie waren sehr fern für ihn. Schließlich hat er sich seine beiden Frauen auch nicht selbst ausgesucht, sondern andere haben das für ihn getan und er hat zugestimmt. Er hatte auch zu uns Mädchen so gut wie keinen Kontakt. Das überließ er meiner Mutter. Mir kommt das Wort Hass zu stark vor." „Halten Sie es denn für möglich, dass er Frauen gehasst hat?", hakt Peter Heinl nach. „Hass – Hass ...", ich wäge das Wort ab, spreche es mir vor, führe mir meinen Vater vor Augen.

„Er hasst nicht Frauen, er hasst kleine Kinder!", sage ich dann. In diesem Zusammenhang kommt mir das Wort Hass gar nicht übertrieben vor. Im Gegenteil hat mir meine Mutter einmal erzählt, sie habe, als wir klein waren, oft gedacht, mein Vater hasse Kinder, und sie hat viele Tränen darum vergossen.

„Dann ist ja alles klar", nickt Peter Heinl zufrieden. Mir ist überhaupt nichts klar, ich komme mir eher verwirrter vor als vorher. Ich habe ein Brett vor dem Kopf, das die Ausmaße einer mittleren Eiche haben muss. Peter Heinl darf mir noch zweimal gründlich erklären, was er meint, bis ich schließlich glaube, seine Idee erfasst zu haben.

Da mein Vater Kinder, kleine jedenfalls, gehasst habe, habe er auch die schwangeren, kindergebärenden Frauen gehasst – das Kind in der Frau, die Frau mit dem Kind. Diese Situation, Hass zu empfinden, reproduziere sich jetzt für mich mit dem kleinen Mädchen meiner Freundin. Ich nähme da Hass wahr, der mich erinnere an den Hass, der mich als kleines Mädchen getroffen habe.

Peter Heinl möchte wissen, ob G. seine Tochter denn hasse. Und darauf kann ich ihm erzählen, dass G. entsetzlich eifersüchtig auf das Kind ist und seinen Platz als Vater noch nicht gefunden hat. Das ist für Peter Heinl eine Bestätigung seiner Vermutung. „Wie geht es Ihnen jetzt?", fragt er dann. Zu meiner Überraschung stelle ich fest, dass es mir viel besser geht und auch meine Müdigkeit schlagartig verschwunden ist. Das Brett vorm Kopf hat sich ebenfalls aufgelöst. Ich kann wieder freier und zusammenhängender denken und bin ganz erleichtert darüber. Aber gleichzeitig steigt auch wieder sehr viel Traurigkeit in mir auf.

„Was soll ich denn jetzt damit machen?", frage ich. „Es ist ja anscheinend so, dass dieser frühe Hass, den ich erlebt habe, mich ganz stark daran hindert, eigene, gute Beziehungen aufzubauen." Dabei fließen meine Tränen wieder, diesmal jedoch unverkrampfter, sie können kampfloser preisgegeben werden.

„Machen Sie sich doch keine Gedanken um die Zukunft",
mahnt mich Peter Heinl. „Es ist wichtig, das ganze Ausmaß
des Hasses kennenzulernen, dem Sie als Baby begegnet
sind. Als ich nur das Wort Hass genannt habe, ist es Ihnen
schlagartig besser gegangen." Das tröstet mich zwar nicht,
scheint mir aber immerhin einsichtig und vielleicht ist es ja
nicht ganz hoffnungslos mit mir.

Plötzlich verstehe ich auch den Traum aus der Nacht
vorher: Der Mann, der die Frau foltert, weil er sie hasst.
Dabei bin ich Zuschauerin und denke, dass ich weggehen
muss. An genau der Stelle stehe ich bei mir zu Hause. Ich
überlege auch da, ob ich weggehen, sprich ausziehen muss.

Zum Schluss gibt mir Peter Heinl noch ein Diagnose-
instrument an die Hand. Er rät mir, immer dann, wenn ich
mich wie gelähmt fühle und nur noch zersplittert und nicht
mehr in Zusammenhängen denken könne, mich zu fragen, ob
mir vielleicht Hass begegne.

Nach dieser Sitzung fühlte ich mich wesentlich besser
als die Wochen zuvor. Es war, als seien Zentnerlasten von

mir abgefallen, und ich blühte wieder auf, wenngleich sich an der Situation bei mir zu Hause nichts änderte. Im Gegenteil. Noch stärker als vorher schien ich wahrzunehmen, was oben im Hause vor sich ging. Und noch schroffer grenzte ich mich ab. Besonders G. beäugte ich misstrauisch und verbuchte alle Unsicherheiten, die er seiner Tochter gegenüber zeigte, auf ein Negativkonto. Dabei kümmerte er sich wirklich intensiv um das Baby und trotzdem fand ich, dass irgendetwas nicht stimmte. Mir war klar, dass das so nicht weitergehen konnte, und ich begann widerwillig, mich um eine andere Wohnung zu bemühen. In der Situation, in der die kleine Familie steckte, würde sie nicht an Umzug denken, das wusste ich. Da der Wohnungsmarkt wie überall praktisch keine Angebote aufwies, hatte ich aber keinen Erfolg mit meinen Umzugsplänen.

Es belastete mich sehr, dass ich mich so zurückziehen und verschließen musste. Ich fühlte mich eng und eingeschnürt. Langsam begann ich mich zu fragen, was ich eigentlich registrierte und ob das, was ich zwischen E., G. und der

Kleinen wahrnahm, sich wirklich bei ihnen abspielte oder ob es meine eigenen projizierten Gefühle waren. Es quälte mich, dass ich das nicht auseinanderhalten, nicht trennen konnte. Was gehörte zu mir, was gehörte zu ihnen?

Die Frage war seit einiger Zeit ohnehin bei mir aufgetaucht. Immer wieder hatte ich in den vergangenen Monaten erlebt, dass ich Gefühle anderer Menschen auffing und praktisch übernahm. Jedenfalls passierte das leicht, wenn sie mir entweder innerlich oder aber räumlich nahe waren. Manchmal hatte ich es gemerkt, manchmal nicht. War wirklich Hass bei uns im Haus atmosphärisch greifbar oder rollte sich für mich noch einmal meine Kindheitsgeschichte auf, die sich nur an kleinen Anhaltspunkten festhakte? Mit all dem im Hintergrund fuhr ich nach Mainz. Es ging mir ja viel besser und insgesamt hatte ich das Gefühl, ganz gut beieinander zu sein.

XVI

FLIEGENDE NÜSSE

Es ist sehr kalt und ich komme verfroren bei Peter Heinl an. Wieder möchte ich mich nicht auf den Stuhl setzen, aber ich will ihn auch nicht so schroff ablehnen wie beim letzten Mal. Etwas unschlüssig und frierend stehe ich im Zimmer herum. Da kommt mir Peter Heinl zu Hilfe und bietet mir das Polster neben der Heizung an, weil mir so kalt ist. Dankbar gehe ich darauf ein.

Als ich sitze, fragt er wie üblich, wie es mir, abgesehen von der Kälte, ginge. „Ganz gut", sage ich und spüre im selben Moment zu meinem Erstaunen, dass das schon nicht mehr stimmt. Kaum habe ich nämlich meinen Platz an der Heizung eingenommen, sackt meine Stimmung ab. Ich merke, wie sich Kopfschmerzen in meinem Kopf ausbreiten und ich mit aufsteigender Traurigkeit kämpfen muss. Dabei hatte ich mich beim Hereinkommen noch ziemlich gut gefühlt. Nun sitze ich hier und merke außerdem, dass ich seit langer Zeit wieder einmal schrecklich befangen Peter Heinl gegenüber bin. Als sei das alles noch nicht genug, habe ich genau wie beim letzten Mal große Schwierigkeiten, zu denken und meine Gedanken zu formulieren.

Ich erzähle, dass ich viel traurig bin, und beschreibe, wie sich meine häusliche Situation verschärft hat. Auch versuche ich zu erklären, dass ich nicht unterscheiden kann zwischen meinen eigenen Gefühlen und der Vermutung, von der Familie über mir etwas Reales aufzufangen. Dabei verheddere ich mich, stolpere über meine eigenen Worte, finde mich unklar und diffus. Was ist los mit mir?

Peter Heinl läuft derweil unruhig im Raum umher, spielt mit Gegenständen, dreht mir den Rücken zu und schaut aus dem Fenster. Schweigend verfolge ich seine Runden im Zimmer, mit wachsender Anspannung. Dann bietet er mir wieder einmal einen Kaffee an. Ich sage automatisch „nein danke", füge aber nach einer Weile hinzu, dass ich eigentlich einmal hätte annehmen wollen. Darauf geht er nicht ein. Weil er so lange schweigt und immer noch mit dem Rücken zu mir steht, erwähne ich meine Kopfschmerzen, die plötzlich angefangen haben. Da er immer noch nichts sagt, komme ich auf den Hass aus der letzten Sitzung zurück und erzähle, ich hätte mit meiner Schwester darüber gesprochen. Sie sei auch betroffen gewesen.

Er setzt sich wieder und schreibt das alles wortlos auf. Dann greift er hinter sich. Auf dem Fußboden steht eine große, flache Schale, die mit Nüssen gefüllt ist. Diese Schale hebt er auf seinen Schoß und dann beginnt er, Nüsse in die Gegend zu werfen. Walnüsse sind es. Ein paar wirft er hierhin, ein paar dorthin, mal einzelne, mal mehrere. Dabei verzieht er keine Miene und sieht mich nicht an. Zum Schluss streut er noch drei Haselnüsse in die Mitte.

Atemlos vor Anspannung habe ich ihm zugeschaut. Ich bin verwirrt und fühle mich sofort in der Defensive. Was sollen diese Nüsse? Ich kann nichts damit anfangen. Ich will die blöden Nüsse nicht! Soll ich etwas damit tun? Muss ich darauf reagieren? Wahrscheinlich ist es ein Test. Oder will er mir etwas damit zeigen? Vielleicht eine Rückmeldung zu meinem Verhalten?

Schüchtern und beklommen frage ich: „Mach' ich das so, dass ich meine Gedanken und Worte wie Nüsse in die Gegend werfe?" Er sieht mich sehr ernst an. „Ich glaube, Sie haben da eben etwas nicht richtig wahrgenommen." „Was habe ich nicht richtig wahrgenommen?", frage ich bestürzt. „Was haben Sie denn wahrgenommen?", gibt er mir die Frage zurück. „Sie haben Nüsse in die Gegend geworfen", antworte ich. „Ja", sagt er mit Nachdruck, „ich habe die Nüsse in die Gegend geworfen, nicht Sie!" „Das habe ich wohl gesehen", versuche ich mich zu rechtfertigen und erkläre: „Ich habe nur vermutet, es habe etwas mit mir zu tun und Sie wollten mir damit etwas zeigen." „Aber das ist Ihre Interpretation", sagt er. Er dürfe doch mit Nüssen werfen, wenn er wolle. Er habe den Eindruck, ich könne nicht unterscheiden zwischen dem, was meins und dem, was deins sei. „Ja", gebe ich nach einer

Weile zu, „ich denke oft, jemand tut etwas, weil ich … Da schaffe ich dann einen Zusammenhang."

„Haben Sie gleich, als ich anfing zu werfen, verstanden, warum ich das tue?", bohrt er. „Nein, deswegen ja die Interpretation. Um dem einen Sinn zu geben", erläutere ich. Er gibt nicht nach: „Aber ich habe sofort am Anfang Verwirrung bei Ihnen gespürt." Ich sage: „Weil ich es nicht gleich begriffen habe." „Und weshalb ist es so wichtig, sofort zu begreifen?" „Damit ich es einordnen kann. Ich fühle mich sonst der Situation nicht gewachsen und habe Angst, falsch oder unangemessen zu reagieren. Dahinter ist das Gefühl von völliger Überforderung und ein enormer Druck."

Halb amüsiert und halb erstaunt meint Peter Heinl: „Was sich an den paar Nüssen alles aufhängt!" „Meine ganze Kindheit", sage ich resigniert und fühle mich plötzlich sehr klein und unsagbar traurig. Ich spüre den Druck der Überforderung wieder und merke, wie ich auf meinem Polster richtig ein Stück zusammensacke. Ganz kümmerlich komme ich mir vor. Die Überforderung zu spüren ist lähmend. Wie in einer eisernen Lunge, fällt mir plötzlich ein. Und dazu habe ich immer noch die Kopfschmerzen.

Dann erinnere ich mich an zwei kurze Traumsequenzen zwei Nächte vorher, die ganz genau beschreiben, was mit mir los ist. In der ersten träume ich, dass ich Peter Heinl erzählen werde, ich empfände Familie nicht als Quelle der Freude, sondern als Quelle der Arbeit und der Überlastung.

In der zweiten Sequenz stehe ich bis fast zum Hals im Meer. Die Umweltverschmutzung ist enorm! Es riecht nach Abgasen. Es ist meine Aufgabe, kleine Alu-Deckelchen einzusammeln, die in Massen auf dem Wasser treiben. „Ja", bestätigt Peter Heinl., „Sie werden überschwemmt von fremdem Müll, wenn Sie nicht trennen lernen zwischen dem, was zu Ihnen gehört und dem, was zu anderen gehört."

Ich wende ein: „Aber ich kann mich auch komplett abgrenzen. Ich habe es gelernt, vollkommen dicht zu machen. Das geht." „Aber dann trocknet man aus", erwidert er und ich fühle, dass er Recht hat. Wie abgeschnitten von allen Säften bin ich, wenn ich mich dem lebendigen Fluss aller

Dinge oder Geschehnisse, die mir begegnen, verschließe und mich gegen sie abschirme.

Als er sich am Ende der Stunde daran macht, die verstreuten Nüsse wieder einzusammeln, mache ich keinen Finger krumm, um ihm zu helfen. Ein bisschen schadenfroh sage ich: „Das ist der Nachteil, wenn man Nüsse in die Gegend wirft. Man muss sie auch wieder einsammeln!" Darauf erwidert er nichts. Zum Abschied schenkt er mir eine von den Nüssen. Ich soll sie in der Hand halten und hin und wieder ansehen, wenn ich wieder einmal nicht trennen könne.

Während ich zum Bahnhof fahre, tobt immer noch der Schmerz in meinem Kopf. Es pocht und dröhnt. Kalt ist mir auch. Am liebsten würde ich mich hinlegen. Stattdessen sitze ich in der Wartehalle und starre blicklos in die Gegend. Ab und zu nuckele ich an meiner Mineralwasserflasche und komme mir vor, als sei ich zwei oder drei Monate alt. Es wäre schön, ein Zugabteil ganz für mich allein zu haben, denke ich, halte das aber nicht für möglich, da es ein Freitag ist.

Doch ich habe Glück. Als der Zug einläuft, sehe ich viele freie Abteile und steuere zielstrebig eines an. Kaum habe ich es mir bequem gemacht, kommt ein Mann herein, vierschrötig, grobes Gesicht, Rucksack auf dem Rücken. „Darf man?", fragt er. Nein, man darf nicht!, denke ich, sage aber aus dem Gefühl heraus, ich könne ihm das schlecht verweigern, da es ja nicht mein Privatzug ist, mit meiner eisigsten Stimme: „Bitte!" Er wuchtet seinen Rucksack herein, geht in den Gang zurück und wendet sich an den Schaffner, der eben vorbeikommt. Ich merke, dass er ein Mann ist, der Kontakt sucht, die Menschen beschäftigt hält und sich anklammert, denn er fragt den Schaffner nach allen möglichen Belanglosigkeiten und läuft am Schluss sogar noch ein paar Schritte hinter ihm her. Nein, denke ich wieder. Ich will keinen Kontakt. Das einzige, was ich will, ist, meinen schmerzenden Kopf an den Sitz zu lehnen und die Augen zuzumachen.

Der Mann kommt herein, zieht ein Päckchen Zigaretten aus der Tasche und fragt: „Darf man hier rauchen?" „Nein! Hier ist Nichtraucher", sage ich. Er ist noch nicht zufrieden:

„Kann ich denn auf dem Gang rauchen?" Da er schon fragt, kann ich mich ja zickig geben. „Dort stört es mich auch!" Nun versucht er, mir zweimal zu erklären, was er damit meint, wenn er auf dem Gang rauchen würde. Ich bin mittlerweile höllisch aggressiv. Hätte ich bloß sofort gesagt, dass ich allein sein will! Es ist ja klar, dass jemand Kontakt sucht, wenn er bei vielen freien Abteilen in ein besetztes geht. Immer noch hält der Mann seine Zigaretten in der Hand. Dann hat er sich etwas Neues überlegt. „Wissen Sie, wann der Zug in Köln hält?", fragt er. Das hatte er doch schon den Schaffner gefragt! Jetzt reicht's mir. „Nein!", fauche ich. „Und ich will mich auch nicht unterhalten!"

Endlich hat er begriffen. Beleidigt zieht er sich auf den Gang zurück, raucht und kommt dann wieder. Viel zu nahe setzt er sich an mich heran und fängt an zu dösen. So geht das nicht! Das halte ich nicht aus! Nun schnuppere ich auch seine Alkoholfahne. Nach kurzer Zeit beschließe ich, mir ein anderes freies Abteil zu suchen. Dort kann ich mich nun endlich meinen Gedanken überlassen.

Hinterher fällt mir ein, dass ich gerade den fremden Müll ganz entschieden zurückgewiesen und mir „meins" nicht habe nehmen lassen – wenn auch mit Verspätung.

XVII

SIEBEN TRÄUME

In der folgenden Nacht hatte ich einen Traum.

Ich stehe im Freien und halte ein todkrankes Baby im Arm. Es hat ganz dünne, abgezehrte Ärmchen und ist nackt. Die Augen stehen groß aufgerissen in seinem ängstlichen, verzerrten Gesicht. Ich fühle ihm den Bauch ab. Der ist hart und fest wie ein Holzbalg oder der Körper einer mit Stroh gefüllten Puppe. Während ich das tue, höre ich ein Geräusch und glaube, das Baby pinkelt jetzt. Als ich auf den Boden sehe, bemerke ich unter ihm einen riesigen Haufen staubtrockener, kleiner, fester Köddelchen. Es fehlt diesem „Haufen Scheiße" jegliche Flüssigkeit und die Köddelchen sehen aus wie Granulat. Nun weiß ich, dass das Baby gerettet ist. Schon jetzt guckt es viel lebendiger und zufriedener.

Nach dem Traum ging es mir sehr gut. Ich verstand ihn sofort. „Sie werden überschwemmt von fremdem Müll", hatte Peter Heinl gesagt und erwähnt, dass man austrockne, wenn man sich zu sehr abgrenze. Genau das hatte der Traum verarbeitet. Offenbar hatte ich als Baby sehr viel Unverdauliches aufnehmen müssen, weil ich nicht trennen konnte zwischen dem, was mir bekömmlich war und zu mir gehörte und dem, was mir fremd war. Das Baby im Traum hatte diese Fremdstoffe endlich ausgeschieden. Ein schöner und erleichternder Traum!

Trotz dieses hoffnungsvollen Traums wurde ich noch einmal ziemlich krank. Es begann wenige Tage nach meiner Fahrt nach Mainz und schien eine Erkältung werden zu wollen. Direkt an meinem Geburtstag lief meine Nase, der Kopf war zu und ich fühlte mich wie in dicke Watte gepackt. Hinlegen wollte ich mich nicht. Abends hatte ich gute Freunde eingeladen und wollte feiern und gefeiert werden. Dieser Wunsch trug mich durch den Tag, sodass es trotz meines angeschlagenen Zustands ein sehr gelungenes, entspanntes und fröhliches Fest war. Am nächsten Morgen hatten sich Erkältung und Unwohlsein dafür noch mit Fieber verbunden und ich wusste, dass es gut wäre, diesen Tag im Bett zu verbringen. Es war ein Samstag. Wider besseres Wissen stand ich mittags auf, weil ich am frühen Nachmittag zu einer Probe der *Schöpfung* musste. Jedenfalls fühlte ich mich verpflichtet hinzugehen. Sie fand in einer eiskalten Kirche statt. Zu meiner Grippe hatte auch noch an diesem Tag meine Regel eingesetzt, die oft mit Bauchschmerzen verbunden war. Anfangs ging alles glatt und ich dachte triumphierend, es wäre wieder einmal ein Beweis dafür, dass mir Musikmachen immer gut tut.

Von einem Moment auf den anderen bekam ich plötzlich entsetzliche Bauchkrämpfe. Der kalte Schweiß brach mir aus und ich fühlte, wie alles Blut aus meinem Kopf wich. Ich konnte gerade noch meine Geige sicher zur Seite legen und mich zur letzten Kirchenbank schleppen. Dort sackte ich zusammen.

Wie ein Häufchen Elend lag ich da, frierend, mit Bauchschmerzen, unfähig zu jeder Bewegung. Jemand brachte mir eine Tablette, eine Ärztin aus dem Chor kümmerte sich um mich. Nach der Probe fuhr mich eine gute Freundin nach Hause, da mir selbst Autofahren nicht möglich war.

Die Bauchschmerzen waren durch die Tablette bald vorbei. Auch die Erkältungssymptome verzogen sich rasch, aber ich fühlte mich unglaublich matt, erschöpft und leer. Mehrere Tage lang lag ich antriebslos im Bett oder auf dem Sofa, schlief ständig und wenn ich nicht schlief, döste ich oder guckte nur an die Decke. Ich wollte und konnte nichts tun, nichts denken, nichts aufnehmen, weder Musik hören, noch fernsehen, noch mich unterhalten, noch etwas lesen. Auch essen mochte ich kaum. Jeder Gedanke daran, aufzustehen und aktiv zu werden, war mit einem Schweißausbruch verbunden und verbot sich darum von selbst. Viel zu früh ging ich dann doch wieder in die Schule, weil ich mich nicht länger krankschreiben lassen wollte. Aber eigentlich war ich noch erholungsbedürftig.

Dann ging es plötzlich wieder – und nun wirklich steil – aufwärts. Dazu trugen insbesondere meine Träume bei. Ich hatte eine unglaubliche Serie von Männerträumen – insgesamt sieben.

In jedem dieser Träume hatte ich eine Beziehung zu einem Mann und jeder Traum hatte ein Happy End – oder das, was für mich ein Happy End war. Jeder hatte einen besonderen Aspekt, mit dem er sich beschäftigte. Die Serie begann, noch während ich krank war, mit einem Traum über meinen Vater.

Ich liege in einem Doppelbett, rechts neben mir liegt schlafend ein Mann, fest in seine Bettdecke gewickelt. Er hat bis obenhin „dichtgemacht". Dieser Mann ist mein Vater, wenn er auch nicht aussieht wie mein wirklicher Vater. Ich wünsche mir von ihm mehr Nähe, mehr Geborgenheit, mehr Trost und sage ihm das. Es dauert eine ganze Weile, aber dann macht er seinen Bettdeckenschutz etwas auf, streckt seinen Arm heraus und umarmt mich. Später stehen wir im Freien auf einer großen Wiese nahe beieinander. Sehr sanft und behutsam küsst er meine Lippen. Das ist wunderschön.

Die ganze Zeit über denke ich „Inzest", empfinde aber weder Schuld noch Scham dabei.

Über diesen Traum freute ich mich unheimlich. Offenbar war endlich eine Liebesbeziehung zu meinem Vater innerlich möglich geworden.

Der zweite Traum war noch schöner:

Ich bin bei einem jungen, sehr gut aussehenden Arzt. Er trägt in seinem linken Ohrläppchen einen dicken, goldenen Ring, ist also wohl schwul. Wir unterhalten uns sehr gut. Es ist eine warme, zugewandte, intensive Atmosphäre. Ich bedaure, dass der Arzt schwul ist, weil er somit kein Mann für mich sein kann. Dennoch entwickelt sich eine Liebesgeschichte zwischen uns und wir werden ein Paar. Er legt seinen Ring – und damit sein Schwulsein – ab. Auch seine berufliche Laufbahn ändert er. Er gibt seine Praxis auf, ich war seine letzte Patientin, und macht sich selbstständig. Ich liebe ihn.

Hier geht es um Geschlechtsidentität und Identitätsfindung überhaupt. Diese Frage war mir in Männerbeziehungen sowohl im Hinblick auf mich selbst als auch im Hinblick auf die Männer begegnet. Mehrere meiner Freunde hatten mit ihrer Männlichkeit Schwierigkeiten gehabt. Und ich war mir meiner Weiblichkeit und der damit verbundenen Macht nicht sicher gewesen.

In den vier folgenden Träumen wurden Probleme aus ehemaligen Beziehungen zum Thema und lösten sich in positiver Weise. Im dritten Traum stand die rätselhafte Trennung von A. im Vordergrund.

Ich höre die Stimme von A., er selbst ist aber nicht zu sehen. Er sagt, er wollte gern mit mir über unseren Abschied reden und warum er so, wie er sich abgespielt hat, für ihn nötig war. Das macht mich so glücklich, dass ich einen Weg entlanghüpfe, der sich durch eine anmutig gewellte Landschaft zwischen Hügeln dahinzieht. Es ist frühsommerlich. Einige Bäume blühen, vielleicht Kirschbäume. Erst glaube ich, es sei Herbst, weil über der Gegend ein dunkler Schimmer liegt. Aber dieser Eindruck entsteht durch die vielen, jungen Blutbuchen, die überall wachsen. Ich denke, dass es südlich der Mainlinie nun einmal so aussieht und finde es wunderschön.

In diesem Traum hatte die Beziehung zu A. ihren inneren Abschluss gefunden und sich in Freude und Fröhlichkeit verwandelt, sodass ich nun „südlich der Mainlinie" wieder Glück und Leichtigkeit empfinden konnte. Danach träumte ich:

Ich habe einen Freund. Er ist viel jünger als ich, wohl gerade mit der Schule oder der Universität fertig. Ich finde ihn dennoch sehr reif. Wir umarmen uns liebevoll und fest. Er hat Geburtstag und will das feiern. Trotzdem möchte er mit mir in meine Heimatstadt fahren, um dort bei einem Friedensfest dabei zu sein. Seine Freunde kommen in großer Zahl und ich sage ihm, dass sie ihn sicher vermissen werden. Es bleibt ungewiss, ob es uns gelingt, heimlich wegzugehen. Er will es jedenfalls organisieren. Ich bin voller Liebe.

Eigentlich hatte ich mir immer einen reifen und auch älteren Partner gewünscht, aber in der Realität war ich stets an die unreifen, manchmal jüngeren Männer geraten. Sicherlich hatten sie mir entsprochen und mir nur meine eigene Unreife widergespiegelt. Im Traum hatte ich jetzt eine gute, intensive Beziehung zu diesem jungen, aber dennoch reifen Mann gehabt. Also hatte auch da eine Aussöhnung mit meinen eigenen inneren Anteilen stattgefunden, sodass wir Geburtstag und ein Friedensfest miteinander feiern konnten.

Der fünfte Traum begann als Action-Krimi:

Ich sehe einen Film. Ein sehr männlicher Mann – er sieht aus wie einer Zigarettenwerbung entsprungen – sucht im Schlamm nach Kisten, die an Fallschirmen heruntergeworfen worden sind. Als er dabei ist, eine auszupacken, erscheint auf der glatten Wasseroberfläche hinter ihm sehr langsam der Schatten eines Mannes mit einem Gewehr im Anschlag. Zuerst kann man ihn nur ahnen, dann wird der Schattenriss immer klarer. Das finde ich filmisch sehr effektvoll, allerdings ist der Film sonst viel zu spannend für mich. Der Mann ist mein Freund, aber die Zukunft zwischen ihm und mir ist unklar. Ich beschließe, das mit ihm zu klären, vielleicht gleich am nächsten Morgen. Es wird alles gut werden, wie es auch ausgehen mag. Das ist meine feste Gewissheit.

Dieser Traum erinnerte mich an meine erste feste Freundschaft während meiner Studienzeit. S. hatte auch ein solch cowboymäßiges Männlichkeitsideal verkörpert und unsere Beziehung, die mehrere Jahre dauerte, war ausgesprochen spannend, sprich spannungsreich, gewesen. Niemals hatte ich mich in der Zeit entspannt oder wirklich aufgehoben gefühlt, aber immer geglaubt, das müsse so sein. Ich hatte lange gebraucht, um mich davon zu befreien.

Im sechsten Traum kamen noch einmal die Dreiecksbeziehungen zur Sprache, die ich so häufig erlebt hatte. Er knüpfte an den Besuch eines ehemaligen Freundes an, den ich mehrere Wochen vorher gehabt hatte. N. hatte überraschend angerufen, nachdem viele Jahre hindurch der Kontakt zwischen uns völlig abgerissen war, und wir hatten einen wunderschönen Abend miteinander verbracht und im Gespräch viel Gemeinsames entdeckt.

In meinem Traum kommt N. zur Tür herein. Wir fallen uns in die Arme. Ich habe das Gefühl, dort endlich ausruhen zu können, und ihm geht es ähnlich. Ganz lange halten wir uns so umarmt und können uns nicht loslassen. Dabei bin ich mir aber sehr bewusst, dass eine andere Frau im Hintergrund uns beobachtet und alles registriert. Sie ist die Freundin von N.s Frau und würde ein tieferes Einlassen von N. nicht zulassen. N. und ich sind uns sehr nah, aber es ist trotzdem nicht schlimm, dass wir keine gemeinsame Zukunft haben. Alles ist gut so, wie es ist.

Auch in der Realität ist N. seit Jahren verheiratet und hat drei Töchter. Mir gefiel an diesem Traum besonders, dass ich kein Dreieck konstellieren wollte, sondern akzeptierte, dass alles so, wie es war, gut war. Offenbar musste ich mich nicht mehr in eine Dreiecksbeziehung flüchten, weil mir andere sonst zu nahe gekommen wären.

Nach jedem dieser Träume wachte ich glücklich und zufrieden auf, fühlte mich angeregt und voll liebevoller Sehnsucht. Den letzten Traum gebe ich hier verkürzt wieder:

Auf dem Weg zu einem wichtigen Termin gehe ich in eine Kirche. Dort findet eine Großveranstaltung statt, wohl zum Thema Missbrauch. Ich schaue mich um und gehe dann zurück, weil ich keine Zeit mehr habe. Draußen ist es jetzt dunkel. Jemand läuft hinter mir her, aber ich erschrecke nicht. Als ich mich umdrehe, hält atemlos ein Mann bei mir an. Er sieht sehr sympathisch, warm und freundlich aus. Anscheinend hat er mich in der Kirche gesehen, denn er sagt eindringlich, ich solle doch nicht weggehen! Ob ich nicht noch etwas bleiben könne? Dabei fasst er mich an. Als ich ihm antworte, habe ich den ganz starken Impuls, ihn zu umarmen. Kurz tue ich das auch, fasse ihn um die Taille und drücke ihn an mich. Dann lasse ich ihn sofort wieder los und sage, dass ich keine Zeit hätte, um zu bleiben. Er ist sehr enttäuscht und überlegt, ob er meine Adresse aufschreiben will. Doch dann sagt er, es habe im Grunde sowieso keinen Sinn, da er sich nicht binden wolle. Ich denke aber, dass es schon irgendwie passieren wird, dass wir uns wieder begegnen. Diesen Mann werde ich nicht verlieren und es ist eine Schutzbehauptung von ihm, er wolle sich nicht binden.

Sehr glücklich und mit Herzklopfen wache ich auf. Es war „der Richtige".

Sieben Träume! Manchmal denke ich: In sieben Tagen hat Gott die Welt erschaffen – in sieben Träumen ist in meinem Inneren Ordnung geschaffen worden, was das Thema Mann angeht. Alle Aspekte meines Männerbildes, die mir jemals zu schaffen gemacht hatten, kamen vor, und sie mündeten alle in ein versöhnliches Happy End.

Ein Jungscher Analytiker würde vielleicht sagen, dass die Facetten meines Animus integriert worden seien. Auch andere Schulen gehen bei der Deutung von Träumen davon aus, dass die Träumenden selbst in allen einzelnen Traumbestandteilen stecken. Wie sehr das – insbesondere beim letzten Traum – stimmte, sollte ich in Kürze erfahren. Dennoch schienen mir alle sieben Träume auch ein Versprechen zu enthalten: Das Versprechen, dass mit mir schon alles in Ordnung käme und dass das Rätsel Mann nicht länger

ungelöst oder unlösbar für mich sein würde. Beziehung –
insbesondere das Glücklichsein in einer Beziehung – wären
auch für mich erreichbar und lebbar.

Vielleicht war es dazu zuvor nötig gewesen, alles Fremde
und Unverdauliche hinauszuschmeißen, auf sehr drastische
Art und Weise, mit Bauchkrämpfen, um dann Erschöpfung
und Leere zu spüren und mich nun langsam Neuem zuzu-
wenden.

Ich fühlte mich offen dafür, dass mir nun auch in Wirklichkeit der Richtige begegnen konnte.

XVIII

HALLO, ÄNGSTE!

Damit das passierte, wollte ich dem Zufall ein bisschen auf die Sprünge helfen und gab eine Bekanntschaftsanzeige in unserer Tageszeitung auf. Darauf bekam ich im Laufe von mehreren Wochen fünfzehn Zuschriften. Gleichzeitig mit den Zuschriften tauchten überraschend ganz unwillkommene Gäste auf: Ängste! Genauer: Ängste vor einer Beziehung. Es war, als hätten sie schon lange vor der Tür gewartet, um endlich eingelassen zu werden, und sie spazierten seelenruhig in großer Zahl an mir vorbei direkt in mein Innerstes. Ich stand sprachlos immer noch an der Tür, da hatten sie sich schon eingenistet und ich konnte ihnen eigentlich nur noch die Hand reichen und sie freundlich willkommen heißen. Aber da sie nun schon einmal da waren, hatte ich wenigstens die Gelegenheit, sie persönlich kennenzulernen und sie mit Namen anzureden. Sie nannten sich:

Angst, meine Freiheit zu verlieren

Angst, ich dürfte mich nicht mehr abgrenzen

Angst, Verantwortung für den anderen übernehmen zu müssen

Angst, meine Persönlichkeit zu verlieren

Angst, ich müsse anders sein als ich bin

Angst, gefallen zu müssen

Angst vor der Anstrengung, gefallen zu wollen

Angst, nicht mehr das tun zu können, was ich tun möchte

Angst, nicht mehr allein sein zu dürfen

Angst, nicht verstanden zu werden

Angst, zurückgestoßen zu werden, wenn ich mich einlasse

Angst, mich nicht mehr erholen zu können

Angst, nicht in Ruhe gelassen zu werden

Angst, nicht mehr genug Raum zu haben

Angst, den anderen versorgen zu müssen, jedenfalls dann, wenn er es selbst tun könnte

Manche hatten Ähnlichkeiten miteinander, aber letztendlich waren sie doch jede für sich eine eigene Persönlichkeit und ich begann, sie zu unterscheiden.

Eigentlich hatte ich immer gedacht, es müsse solche Ängste in mir geben, denn sonst wären meine Freundschaften und Beziehungen mit Männern nicht alle so schlecht gelaufen. Aber wirklich gefühlt hatte ich sie vorher nie, ich hatte sie nur immer vermutet. Jetzt spürte ich sie in einem Ausmaß, das mich erschreckte. Mir schien, dass damit alle Wünsche nach Nähe und Aufgehobensein in einer Partnerschaft unmöglich gemacht würden.

Trotzdem verfolgte ich mein Projekt Bekanntschaftsanzeige weiter und traf mich mit zwei Männern. Alle anderen schieden aus. Entweder weil die Briefe ganz unmöglich waren oder weil ich die Männer zu alt fand oder weil aus dem Schreiben schon andere Unvereinbarkeiten hervorgingen.

Ich war sehr gespannt vor den beiden Begegnungen und beide Male entsprechend erleichtert, dass keine Katastrophe daraus wurde. Mit beiden Männern verbrachte ich einen anregenden Abend. Aber beim ersten Mann merkte ich sehr schnell, dass ich ihm überlegen war. Er war mehrere Jahre jünger als ich und es wurde mir rasch deutlich, dass ich mich gar nicht wirklich für ihn interessierte. Auf der anderen Seite schien er mich als Person auch nicht wahrzunehmen. Selten kam von ihm eine Frage nach mir und meinem Leben. Am Abend selbst hatte ich noch die Idee, mich weiterhin mit ihm zu verabreden, aber hatte dann doch keine weitere Lust dazu.

Der andere Mann war mir auf Anhieb sehr fremd. Er jagte und stopfte beruflich Tiere aus, konnte mit Psychotherapie überhaupt nichts anfangen und erzählte mir viel von seinen Reisen in exotische Länder. Nach mir fragte er von sich aus nicht und wenn ich etwas von mir erzählte, hatte ich das Gefühl, ich müsse mich ihm regelrecht aufdrängen, damit er mal hinsähe und hinhöre.

Eins war mir bei beiden Begegnungen ganz deutlich geworden: Ich wollte wahrgenommen und gesehen werden. Dazu wusste ich, ich muss nicht um jeden Preis eine Beziehung haben. Am wichtigsten von allem aber war mir: Ich hatte gemerkt, dass ich etwas zu bieten hatte. Endlich war ich mir meines Wertes bewusst geworden.

Dennoch war ich enttäuscht und traurig nach den beiden Abenden und musste ein paar Tage mit depressiven Gefühlen kämpfen, weil ich mich noch einmal an all die Situationen erinnert fühlte, in denen ich auch nicht wahrgenommen worden war.

Abgesehen von meiner Beschäftigung mit den Männern fühlte ich mich instabil und zerrissen. Ich machte Pläne an einem Tag, um sie am nächsten Tag wieder zu verwerfen. Mal wollte ich zwei Jahre ins Ausland, am liebsten nach Indien, gehen, mal überlegte ich, mich ein Jahr aus der Schule beurlauben zu lassen. Dann wieder wollte ich die Musiktherapieausbildung hinschmeißen. Ich malte mir aus, wie es wäre, ganz allein in einer eigenen, neuen Wohnung zu leben. Kurz darauf bepflanzte ich ein neues Beet im Garten. So ging es hin und her und oft wusste ich nicht, was am nächsten Tag aktuell sein würde.

Dann fuhr ich zu Peter Heinl. Im Zug dachte ich, dass dieses Mal sicher viele Tränen fließen würden, aber als ich bei ihm sitze, stelle ich verwundert fest, dass ich mich ganz anders fühle. Ich sage ihm, ich hätte mir so gewünscht, ihm mitteilen zu können, dass es mir gut geht und ich keine Therapie mehr brauche, aber leider sei das nicht der Fall. Dann frage ich ihn, ob er mich gern los sein wollte – diese Frage hatte mich schon in unserer letzten Sitzung beschäftigt. Er antwortet, er freue sich immer, wenn es so weit sei, dass dieser Schritt gemacht werden könne. Was aber nicht hieße, dass er mich los sein wolle. „Und wenn ich immer und immer wieder kommen müsste?", frage ich. Peter Heinl lacht nur und behauptet, da gar keine Bedenken zu haben. Er hätte noch nie jemanden gehabt, der zehn Jahre lang zu ihm gekommen sei.

Überhaupt lacht er wieder viel über mich dieses Mal. Ich teile ihm alle meine Ängste mit – in der Erwartung, er sei sich mit mir einig, dass sie nicht sein sollten. Er ist dagegen richtiggehend begeistert und rät mir mehrmals eindringlich, ich solle froh sein über die Ängste. Sie seien ein guter Wegweiser für mich. „Aber sie verhindern, dass ich mich einlassen kann", halte ich ihm entgegen. Er vertritt eine andere Ansicht: „Die Ängste verhindern, dass Sie sich in eine Beziehung einlassen, die Ihnen nicht gut tut", sagt er. „Es wird sich schon ein Mann finden, der Ihr Konzept von Partnerschaft teilt."

Ich habe eine Menge Einwände, aber ich widerspreche auch deshalb, weil er so nachdrücklich darauf besteht, es sei alles in Ordnung mit mir. Das fühlt sich für mich eindeutig nicht so an. Er redet auf mich ein wie auf einen lahmen Gaul und ich werde immer störrischer. Ich will, dass da ein Problem ist! Was er mir konstant bis zum Schluss der Sitzung verweigert. Stattdessen macht er wieder Scherze, amüsiert sich über das Defilee von Männern auf meine Anzeige, lobt mich aber auch ernsthaft für meine Fortschritte. Er findet, ich hätte viel gelernt in den letzten Monaten und deshalb sei doch auch der Test mit der Anzeige ein voller Erfolg gewesen. Vielleicht müsste ich noch einmal eine Annonce aufgeben, die noch klarer ausdrückte, was ich wollte. Dazu macht er Vorschläge, ernst gemeinte und lustige.

Meine Stimmung schwankt sehr in dieser Stunde. Mal lasse ich mich von der heiteren und gelösten Atmosphäre mittragen, dann fühle ich mich nicht ernst genommen, weil ich mit allen Anläufen, meine Befindlichkeit zu problematisieren, ins Leere laufe. Ich sage ihm deshalb, dass ich mich nicht ernst genommen fühle. Das erste Mal, seit ich ihn kenne, kann ich so etwas direkt und sofort ansprechen.

Zu meiner Zerrissenheit sagt Peter Heinl nur, ich solle froh sein, dass bei mir so viel in Bewegung sei. Er spricht vom „Krachen im Gebälk", während ich das eher als Tornado oder Lawine wahrnehme.

Nachdem ich mich versichert habe, dass ich weiterhin kommen dürfe, taucht zu meinem Erstaunen nach dieser

Sitzung wieder das Gefühl auf, fertig zu sein. Und diesmal bleibt es dabei.

Ich machte mit meinen Eltern eine einwöchige Reise – mein Weihnachtsgeschenk an sie – und genoss es, sie beide als erwachsene Frau noch einmal neu kennenzulernen. Es war die erste Reise in meinem Leben, die ich jemals mit beiden allein unternommen hatte. Mit einer Mischung aus Belustigung, Trauer und gelegentlicher Gereiztheit erkannte ich die Wurzeln meiner eigenen Schwierigkeiten in ihnen wieder. Meine Unsicherheiten, meine Ängste, meine Starrköpfigkeit und meine Unzugänglichkeit sah ich wie in einem Rückspiegel nun bei meinen Eltern und sah doch gleichzeitig mich selbst. Wir fühlten uns trotzdem wohl miteinander und kamen uns auf dieser Fahrt sehr nah.

Danach fuhr ich allein auf eine Insel, vermisste niemanden, war einfach glücklich zu leben und freute mich an mir selbst und an allem, was um mich war. Im Anschluss daran traf ich mich mit meinen Geschwistern und stellte das erste Mal in meinem Leben fest, dass es schön war, so viele Brüder und Schwestern zu haben, und dass sie mir viel bedeuteten. Auf einmal wünschte ich mir, mehr Kontakt zu ihnen zu haben. Es spielte keine Rolle mehr, wie ich früher zu ihnen gestanden hatte, denn ich hatte jetzt meinen Platz gefunden. Mir machte es Spaß, zu sein und andere sein zu lassen. Es kam mir so vor, als sei ich jahrelang schwerelos durch den Weltraum gesegelt und nun endlich auf der Erde angekommen – dort, wo ich eigentlich hingehörte.

XIX

ABSCHLUSS ·

Wie geht eine Therapie zu Ende? Wie geht ein Buch über einen Therapieverlauf zu Ende? Lange Zeit hindurch hatte ich gedacht, meine Analyse bei Peter Heinl sei erst dann wirklich fertig, wenn ich es geschafft hätte, eine feste Beziehung zu einem Mann zu knüpfen und weiterzuführen. Das veränderte sich, als ich anfing, meine Ängste ernst zu nehmen. Vielleicht stand mir noch ein langer Weg bevor, ehe ich mich wirklich einlassen konnte, ganz sicher aber würde es nicht in eine konventionelle Bindung einmünden können.

Es ging mir einfach gut, so gut wie noch nie zuvor in meinem Leben. Ich fühlte mich wohl und zufrieden und merkte, dass mein Glück nicht daran hing, einen Mann oder Freund zu finden, sondern mit mir selbst in Einklang zu leben. Eine Binsenwahrheit eigentlich, aber sie füllte sich für mich erst jetzt mit Leben und Gefühlen. Zeitweilig war es mir fast egal, ob ich jemals mit einem Mann eine Beziehung haben könnte. Es war unwichtig geworden über dem viel stärkeren Eindruck, dass ich in mir ruhte und mir alle Wege offenstanden, dass ich die Freiheit hatte, ja oder nein zu sagen, und die Freiheit, das zu tun, was für mich stimmte.

Tatsächlich hatte ich vorläufig nichts mehr bei Peter Heinl zu klären. Ich war bereit dazu, ihn aufzugeben, mich zu verabschieden und meinen Weg allein weiterzugehen. Auch wenn ich mir wünschte, immer wieder bei ihm anklopfen zu können, wenn ich in einer Sackgasse steckte. Die vielen Jahre, die er mir sozusagen auf Vorschuss eingeräumt hatte, wollte ich nicht mehr und brauchte sie auch nicht. So kamen wir bei meinem nächsten Termin überein, im Herbst eine letzte Stunde zu machen. Der Gedanke daran machte mich zwar ein bisschen traurig, doch es war richtig, mich zu verabschieden.

Peter Heinl hat mich an ganz entscheidenden Punkten weitergebracht und mich darin unterstützt, mir selbst zu trauen — gegen alle Konventionen oder einschränkenden Bedingungen, seien sie äußerlicher oder innerlicher Art. Und er hat mir geholfen, die andere Hälfte der Welt wahrzunehmen und mich mit ihr vertraut zu machen. Männer sind für mich Mitmenschen geworden, mit liebenswerten oder weniger liebenswerten Seiten — wie Frauen eben auch.

Wie dieses Buch zu Ende geht, weiß ich deshalb genau: Ich bedanke mich bei Peter Heinl dafür, dass er da war und dass er mich immer wieder überraschen konnte, dass er nie berechenbar war, außer in seiner Präsenz und Konzentration, wenn wir uns begegneten, und dass er mich so genau gesehen hat.

Wie es mit mir weitergehen wird, weiß ich nicht. Und das ist gut so!

XX

ACHTUNDZWANZIG JAHRE SPÄTER

Seitdem ich diesen Bericht aufgeschrieben habe, sind fast achtundzwanzig Jahre vergangen – eine sehr lange Zeit, in der sich viel ereignet hat. Das Manuskript hat vier Umzüge und vier verschiedene Aufbewahrungsorte überstanden. Ich musste es unter einem Stapel anderer abgelegter und kaum noch gebrauchter Mappen regelrecht ausgraben und neu entdecken.

Diese Zeilen wieder zu lesen, war zugleich interessant und ein wenig befremdlich. Vor dem Eintauchen in die Vergangenheit habe ich eine Weile gezögert. Fragen tauchten auf wie: Kann ich heute wieder Verbindung aufnehmen zu der Frau, die ich vor so vielen Jahren war? Hat der damalige Prozess noch heute irgendeine Bedeutung für mich? Bin ich im Laufe der vergangenen Jahrzehnte weitergekommen? Welche Wünsche an mein Leben haben sich erfüllt, welche haben sich nicht erfüllt? War die Therapie erfolgreich und war sie nachhaltig?

Diese letzte Frage kann nur verbunden werden mit der allgemeinen Frage, was eine Therapie oder Analyse eigentlich bewirken soll oder bewirken kann bzw. welche Erwartungen ein Klient oder eine Klientin daran hat. Je nachdem, mit welchem Ziel man sie beginnt oder welche Notwendigkeit sie angezeigt sein lässt, wird sich ein Erfolg in unterschiedlicher Weise einstellen können.

Für mich gab es ganz eindeutig eine innere Notwendigkeit, die Analyse zu durchlaufen. Es standen einerseits die Überwindung von Blockaden, die Bewältigung von Traumatisierungen und die Heilung von Störungen im Vordergrund, deren Ausmaß ich anfangs nicht überschaut hatte. Daneben oder damit verbunden ging es implizit auch darum, meine Lebensqualität zu erhöhen, indem ich meine Spielräume erweitern konnte. Ich hatte den Wunsch, mein Blickfeld zu weiten, sodass mir neue Wege offen standen. Ein wesentlicher Aspekt war damit auch die Entfaltung meiner eigenen Potenziale.

Woran misst sich also im Rückblick der Erfolg? Die Traumatisierungen, die im Laufe der Analyse aufgedeckt worden waren, konnte ich Schritt für Schritt bewältigen. Ich habe auch gelernt, neben den ernsten Seiten des Lebens die heiteren zu entdecken. Und es wäre schön zu berichten, dass am Ende der Analyse das Happy End in goldenen Lettern über meinem Lebensweg gestanden hätte und seitdem alles eitel Sonnenschein gewesen wäre. Ganz so ist es natürlich nicht, weil das Leben viele Schauplätze und Facetten hat und es neben dem Sonnenschein auch Sturm, Regen, Graupel oder Nebel produziert. Auf dieser langen Strecke von achtundzwanzig Jahren haben sich Höhen und Tiefen abgewechselt. Was ich ganz klar festhalten kann: Ich habe mich verändert, meine Lebensumstände haben sich verändert und meine Sichtweise auf das Leben hat sich verändert. Das bezieht sich auf zahlreiche Aspekte.

Im Rückblick stelle ich zunächst fest, dass ich mich vor mehr als achtundzwanzig Jahren, als ich die Analyse bei Peter Heinl begann, in vielerlei Hinsicht noch nicht erwachsen – und damit auch dem Leben nicht gewachsen – gefühlt habe. Dabei war ich schon Mitte dreißig. Das Gefühl von Bedürftigkeit war teilweise übermächtig und hat mein Erleben und meine Handlungsmöglichkeiten sehr stark bestimmt und eingeschränkt. Meine Perspektive war häufig die eines Kindes. Das zeigte sich unter anderem daran, dass ich Peter Heinl immer als wesentlich älter als mich selbst wahrgenommen hatte, dabei liegen nur acht Jahre zwischen uns, wie ich mittlerweile weiß. Ich fühlte mich ihm anfangs ausgeliefert und kaum in der Lage, mich als aktive Gestalterin in der therapeutischen Beziehung und meines Schicksals zu sehen. Auch in anderen Beziehungen hatte sich dieses Gefühl, hilfloses Kind ohne Handlungsalternativen zu sein, immer wieder in hinderlicher Weise bemerkbar gemacht.

Das ist jetzt im fortgeschrittenen Alter sehr anders. Inzwischen hat sich mein inneres Erleben meinem realen Lebensalter angeglichen, die kindliche Perspektive übernehme ich nur noch selten und manches Mal dann sogar ganz bewusst. Wenn ich mit Menschen zusammen bin, fühle ich mich in der Regel als Erwachsene und souverän genug, allen Herausforderungen zu begegnen. Das bahnte sich bereits während der Analyse an und wurde nach deren Abschluss immer stärker. Natürlich hat es auch damit zu tun, dass ich real älter geworden bin und auf vielen Gebieten neue Eindrücke gesammelt habe. An bestimmten Erfahrungen kommt man nicht vorbei, wenn das Lebensalter zunimmt. Verluste, Enttäuschungen, Krankheit und Tod begegnen uns genauso wie immer neue Menschen, freudige Ereignisse und Glück. Insofern ist es nicht leicht abzugrenzen, welche Entwicklungen sich auf welche Umstände zurückführen lassen.

Ganz bestimmt aber hat Folgendes seine Wurzeln im therapeutischen Prozess: Meine Fähigkeit, Kontakte zu anderen Menschen aufzunehmen und Begegnungen zu gestalten, hat enorm zugenommen, ebenso die Sicherheit auf allen Gebieten, die professionelle und private Kommunikationssituationen betreffen. Wenn auch dies alles ebenso in Teilen natürliche Reifeprozesse sind, die durch die Routinen und Notwendigkeiten des Alltags angestoßen worden sind, so wären sie doch in dieser Weise nicht ohne die grundlegenden Erfahrungen während der Analyse möglich gewesen.

Eine ganz direkte Folge des therapeutischen Prozesses war darüber hinaus, dass die Barrieren in den Kontakten zu Männern abgebaut worden waren. Ich konnte Männern spontaner, gelassener und freundlicher begegnen. Die Auswirkungen waren und sind sowohl beruflich als auch privat erkennbar.

Fast zeitgleich mit dem Ende der Therapie lernte ich R. kennen, dem ich auf seine Anzeige in der *ZEIT* geschrieben hatte. Wir sind seit vielen Jahren verheiratet. Das ging nicht reibungslos, was bei meiner Vorgeschichte vielleicht auch nicht anders zu erwarten war. R. und ich haben uns unsere Liebe wirklich Schritt für Schritt erarbeitet. Beide sind wir eher kopfgesteuert, beide empfindlich, beide nicht eben pflegeleicht. Besonders in den ersten Jahren haben wir große Schwierigkeiten miteinander gehabt. Da halfen auch die positiven Erfahrungen aus der Analyse nicht weiter und wir haben uns professionelle Hilfe holen müssen. Ich erlebte an den Rückmeldungen von R., dass ich nicht immer nur Opfer, sondern durchaus auch Täterin war, wenn es um die Gestaltung unserer Beziehung ging, und dass ich sehr wohl meinen Teil dazu beitrug, wenn die erwünschte Nähe ausblieb. Es war nicht leicht für mich, zu erkennen und zu akzeptieren, dass ich selbst eine aktive Rolle dabei spielte, Distanz zu erzeugen bzw. zu halten.

Lange haben wir aneinander gelitten, miteinander gestritten, uns immer wieder auseinandergesetzt und uns erst allmählich eine gemeinsame Perspektive geschaffen. Die Mühe hat sich gelohnt, wissen wir heute beide, und wir freuen uns immer wieder, auf einen Weg zurückzublicken, den wir zusammen gegangen sind. Wir erleben es als Geschenk, zusammen zu sein und glauben, dass die vor uns liegende Strecke – voraussichtlich jedenfalls – weniger steinig sein wird. Ganz sicher wäre ohne die tragenden Erfahrungen von Aufgehobensein, Akzeptanz und Wertschätzung in der Analyse eine längere Beziehung für mich – wie auch immer geartet – nicht möglich gewesen.

Mein Kinderwunsch hat sich dagegen nicht erfüllt. Offenbar war ich nicht mehr jung genug für eine Schwangerschaft und die Beziehung zu R. anfangs, wie erwähnt, nicht genügend tragfähig. Heute glaube ich, dass ein Kind oder mehrere Kinder für mich nur Stress bedeutet hätten. Ein Familienleben mit seinen Verbindlichkeiten und Anforderungen hätte mich vermutlich zu stark eingeengt. Auch wenn ich manchmal noch traurig darüber bin, dass keine Kinder – und damit auch keine Enkel – da sind, hätte mich eine Elternschaft doch eher überfordert.

Stattdessen hatte ich über viele Jahre hinweg beruflich ein Betätigungsfeld gefunden, in dem ich sehr gern gearbeitet habe und das mich ausgefüllt hat. Es gab mir vielfältige Herausforderungen, wechselnde Einsatzorte, Arbeit mit Kindern, Jugendlichen und Erwachsenen, Freude und Anerkennung. Dabei habe ich die zahlreichen Kontakte, die sich auch immer wieder zu Männern ergaben, genießen können. Ich mag die besondere Art von Humor, die viele Männer auszeichnet und die so ganz anders ist als der weibliche Humor. Manchmal finde ich es dann schade, dass ich früher nicht in der Lage war, die Männer zu identifizieren und festzuhalten, die warm, herzlich und mir zugetan waren, geschweige denn, einen näheren Umgang mit ihnen zu gestalten.

Mit großem Interesse habe ich beim erneuten Lesen der Aufzeichnungen noch einmal die vielen Wendungen nachvollzogen, die es brauchte, um die Ängste von damals abzubauen. Besonders die therapeutische Beziehung hatte daran entscheidenden Anteil. Es scheint mir jetzt so, als habe es die Fähigkeit von Peter Heinl, sich in gewisser Weise leer von sich selbst zu machen, ermöglicht, auf dieser leeren Fläche meine Erinnerungen, Gedanken und verschütteten Gefühle entstehen zu lassen. Sie mir manchmal als Skulptur vor Augen zu führen und sie dergestalt aufzugreifen, damit sagbar zu machen und in die Realität hineinzuholen, war der Inhalt unserer Stunden. Nicht immer waren viele Worte notwendig. Vieles blieb unausgesprochen und war nur atmosphärisch greifbar, aber gerade darum auch heilend. Insbesondere aber Peter Heinls Da-Sein und das Aushalten auch von Missempfindungen, unausgedrückten Wünschen ebenso wie von Kontaktabbruch oder Leere hat mir das erste Mal ermöglicht, mich trotz der Nähe eines Mannes zu spüren.

Trotzdem habe ich ein leises Bedauern gespürt, dass es mir insgesamt damals so wichtig war, eine „gute" Klientin zu sein. Ein bisschen mehr Widerborstigkeit, Unangepasstheit, Anarchisches hätte dem Prozess vielleicht noch etwas Würze gegeben. So ähnlich ist es auch heute noch bei mir, denn bestimmte grundsätzliche Persönlichkeitsmerkmale haben sich wenig bis gar nicht verändert. Ich bevorzuge immer noch eher die zweite Reihe. Die leisen Töne sind mir lieber als die lauten, Ruhe ist mir lieber als Remmidemmi, Schweigen oftmals lieber als Reden, Übersicht und Struktur lieber als Chaos, Reflexion lieber als impulsives Handeln.

Erholungspausen und Zeit für mich ganz allein sind mir nach wie vor wichtig und unverzichtbar. Dass ich mich selbst schätzen gelernt habe mit diesen Eigenschaften und Eigenarten, hat ebenfalls seine Wurzeln in der therapeutischen Beziehung. Peter Heinl hat mir durch seine Interventionen immer signalisiert, dass ich in Ordnung bin, so wie ich bin. Mittlerweile sehe ich mich selbst nur noch selten als defizitär an und bin häufig ebenfalls ganz einverstanden mit mir. Ich habe Frieden mit mir gemacht.

Eine angemessene Portion Lebenswut ist mir damals zugewachsen und geblieben. Aggressionen fühle ich in entsprechenden Situationen deutlich und kann sie meistens genügend schnell thematisieren. Auch Grenzen zu setzen, wenn nötig, habe ich gelernt. Daneben heißt Lebenswut für mich auch, zupackend mit dem umzugehen, was mir begegnet.

Auffällig fand ich im Rückblick den „heiligen Ernst", mit dem ich den Prozess während der Analyse betrieben habe. Eine gewisse Unerbittlichkeit in der Herangehensweise und ein andauerndes, sehr genaues analytisches Hinterfragen wurden mir deutlich. Ich habe mir selbst wenige Schlupflöcher gelassen und überaus gründlich nach blinden Flecken gefahndet. Von heute aus betrachtet erscheint mir das ziemlich radikal und gnadenlos, aber offenbar stand dahinter eine innere Notwendigkeit. Inzwischen bin ich heiterer geworden und beschäftige mich häufiger mit den leichteren und angenehmeren Aspekten meines Daseins. Auch jetzt, in der Zeit nach meiner beruflichen Laufbahn, beschäftige ich mich weniger mit inneren Vorgängen. Das tut mir allerdings gut, weil es mich zwingt, in der Realität anzukommen, und mich erdet. Gleichwohl vermisse ich manchmal den Zugang zu einer Welt hinter der Alltagswelt, die Ahnungen, die Botschaften der Träume, die nur dann ihre Wirkung entfalten, wenn man ihnen den Raum dafür gibt.

Für mich war es vor mehr als achtundzwanzig Jahren notwendig, in meinem Inneren Ordnung zu schaffen, sodass der Blick auf meine eigenen Stärken und Schwächen frei wurde. Erst auf dieser Basis eines versöhnlichen Blicks ist Wachstum entstanden. Meine Spielräume haben sich tatsächlich sehr erweitert und ich fühle mich fest im Leben verankert. Das gefällt mir sehr. Ich bin zufrieden mit meinem Leben und fühle mich insgesamt wohl – viel wohler als ich es je für möglich gehalten hätte.

Insbesondere bin ich dankbar dafür, dass es viele Ereignisse und Menschen gegeben hat, die mir geholfen haben, Schritte zu machen, die in die richtige Richtung führten. Das Schicksal hat es gut mit mir gemeint. Heute denke ich, dass alles in meinem Leben seinen Sinn hatte und es einen inneren roten Faden gegeben hat und gibt. Die Analyse bei Peter Heinl ist auf diesem Faden eine ganz besondere Perle gewesen.

TEIL II

BAUSTEINE DES VERSTEHENS

von Peter Heinl

I

VERTAUSCHTE KÖPFE

DIE RÜCKWIRKUNG
VON REGULA DAMMRINGS BERICHT

Gegen Ende der Therapie hatte ich Regula Dammring spontan angeregt, den Therapieverlauf aus ihrer Sicht zu Papier zu bringen. Ich war der Auffassung, es könnte für sie hilfreich und aufschlussreich sein, das im Rahmen der Therapie Erlebte in einem größeren Zusammenhang zur Darstellung zu bringen und der Frage nachzuspüren, wie es zu dem Wandel ihres psychischen Befindens zum Besseren gekommen war. Zwar hatte ich durchaus eigene Mutmaßungen und Vorstellungen, aber es interessierte mich brennend, wie sich die Dinge aus Regula Dammrings Erlebnisperspektive darstellten.

Obgleich ich das Lesen von psychiatrischen, psycho- und familientherapeutischen Zusammenfassungen, Überweisungsbriefen und vergleichbaren Dokumenten durchaus gewohnt war und davon ausging, dass ich Regula Dammrings Bericht, den sie mir kurz vor Weihnachten 1991 zugesandt hatte, mit Interesse lesen würde, war ich verblüfft, dass ich, nachdem ich ihren Bericht nach einem vollen Arbeitstag gegen Mitternacht in die Hand genommen hatte, ihn nicht mehr aus der Hand legen konnte, bis ich die Lektüre gegen vier Uhr morgens am nächsten Tag beendet hatte.

Kaum dass ich die ersten Seiten gelesen hatte, überkam mich das Gefühl, als läse ich ein Buch – vergleichbar den Selbstzeugnissen von Daniel Paul Schreber oder Oliver Sacks –, in denen Krankheitsgeschehen, die in der medizinischen Fachsprache in wenigen Seiten abgehandelt werden können, in der Gesamtheit ihrer facettenreichen Leidenswirklichkeit dargestellt wurden.

Regula Dammrings Bericht ließ mich nicht mehr los. Mir schien, als sei nicht ich der behandelnde Arzt und Therapeut, sondern im Zuge eines Vertauschens von Köpfen in Regula Dammrings Rolle geschlüpft: zitternd vor der ersten Begegnung mit dem Psychotherapeuten; spürend, wie mein Herz heftiger schlug, als ich in dem ersten Behandlungsraum mit der Stilblütentapete dem Löwen und dem Kaninchen entgegenstarrte; mich Monate später hilflos und verblüfft fühlend, als die Walnüsse, eine nach der anderen, auf meinem inneren Bildschirm an mir vorüberrollten.

Als ich am frühen Morgen Regula Dammrings Bericht zu Ende gelesen hatte, war ich bewegt, berührt und fasziniert. Mich beeindruckte nicht nur die literarische Qualität der Darstellung. Obgleich Regula Dammring nicht psychologisch ausgebildet und in einem anderen Metier tätig war, war eine ungewöhnliche Beobachtungsgabe am Werk, eine Unbestechlichkeit des Blicks, eine Präzision im Erfassen des Wesentlichen und ein Gespür für die Feinheiten. Ein roter Faden zog sich durch die gesamte Darstellung. Dennoch schien jedes Kapitel wie eine Geschichte, die im Kleinen widerspiegelte, was im Großen zum Ausdruck kam.

Die Dringlichkeit klinischer Verpflichtungen zwang den nächsten Tagen vor Weihnachten 1991 eine intensive Arbeitsstruktur auf. Dennoch kreisten die Gedanken um Regula Dammrings Bericht, der mich in ein Staunen brachte, das ich anfänglich noch nicht in Worte zu fassen vermochte und das die Frage berührte, die mich schon seit Jahren in ihren Bann gezogen hatte: Was geschieht in therapeutischen Prozessen der Art, wie sie Regula Dammring so kunstvoll beschrieben hat?

Ihr Bericht berührte den Nerv der Frage: Was geschieht? Und wie geschieht es?

II

EINE FULMINANTE OUVERTÜRE

DENKEN, OHNE ZU DENKEN

Die wesentlichen, von mir durchgeführten Interventionen, die Regula Dammring in ihrem bewegenden Bericht beschreibt, geschahen ohne bewusstes Denken und ohne eine rational durchdachte Methodik meinerseits. Ob es sich um die komplexe Regie mit dem Kaninchen und dem Löwen sowie einer Reihe einzelner Objekte während der ersten Sitzung oder beispielsweise um das In-den-Raum-Werfen der Walnüsse in einer späteren Sitzung handelte – ich folgte subtilen, unterschwelligen Impulsen, von denen ich mich leiten ließ.

Ähnlich den Arbeiten, die ich unter anderem in den Büchern „*Maikäfer flieg, dein Vater ist im Krieg ...*" *Seelische*

Wunden aus der Kriegskindheit und in *Licht in den Ozean des Unbewussten: Vom intuitiven Denken zur Intuitiven Diagnostik. Ein Leitfaden in den Denkraum* dargestellt habe, beruhte auch die Arbeit mit Regula Dammring im Kern auf einer Grundhaltung, in der ich mich von meiner Wahrnehmung und dem, was aus ihr entstand, vertrauensvoll leiten ließ.

In ihrer Essenz beruhte die Vorgehensweise, die ich anwandte, auf dem Befolgen von Prozessen, die unbewusst in mir arbeiteten und die zu meinem nie endenden Erstaunen präziser, fantasievoller und scharfsinniger zu Werke gingen, als es meinem rationalen Verstand möglich gewesen wäre. Somit war mein professionelles Selbstverständnis weniger das eines Therapeuten, der sich an exakt niedergelegten Arbeitsregeln orientiert, sondern vielmehr das eines Therapeuten, der seinen wahrnehmenden Raum zur Verfügung stellt, um in ihm über die Fühler der Wahrnehmung aufgenommene Informationen sich zu Bildern,

Worten oder bis hin zu komplexen Objektarbeiten auskristallisieren zu lassen.

Ich stellte somit keinen passiv reflektierenden Spiegel dar, sondern bot als Therapeut meinen inneren Wahrnehmungsraum an, sodass aus den gewonnenen Einsichten Interventionen entstehen konnten. Letztlich bedeutete dies auch, dass weniger ich selbst in meiner Rolle als Therapeut der Gestalter des Geschehens war als vielmehr der Raumgewährende von Prozessen, die sich selbst strukturierend in mir abspielten – vielleicht vergleichbar der raumgewährenden Rolle einer Mutter, die ein Kind austrägt. Sollte der Eindruck entstehen, als sei ich sozusagen der allzeit das Geschehen bestimmende Therapeut gewesen, so ist dies bei genauerer Betrachtung nicht der Fall, da oft genug letztlich sich selbst organisierende Prozesse die Fäden in den Händen hielten.

Auf die Prozesse, die sich in mir abspielten, hatte ich ebenso wenig Einfluss wie ein Außenstehender und so stand ich dem sich entfaltenden Geschehen mit oftmals ungläubigem Staunen gegenüber, da mein bewusster Verstand oft genug nicht wusste, worauf das Geschehen hinauslaufen würde. Und dann mit Verblüffung zur Kenntnis nehmen musste, was die inneren Prozesse ans Licht gebracht hatten und wie sie es bewerkstelligt hatten.

Ich fand sehr spannend, wie Regula Dammring das, was ich im vorangehenden Abschnitt mit den Worten umschrieb „da mein bewusster Verstand oft genug nicht wusste, worauf das Geschehen hinauslaufen würde", erlebte, sodass ich ein Zitat aus einem kürzlichen Brief von Regula Dammring hier widergeben möchte:

„Das Entscheidende ist aus meiner Sicht, dass Du aus dem zum Teil gemeinsamen unbewussten Raum heraustreten konntest, um für mich durch passende Interventionen Bewusstheit anzubahnen oder zu schaffen.

Du warst einerseits Regisseur [bzgl. der Gestaltung der Objektskulptur], andererseits aber gleichzeitig präsenter Beobachter, der zum Beispiel die Objekte ausgewählt hat."

Meine Vorgehensweise beruhte somit auf einer Haltung, die der Dynamik innerer Prozesse ihren Spielraum und ihre

Entfaltungsmöglichkeiten gewährte. Sie schöpfte ihr Potenzial aus einer Quelle, die uns allen zur Verfügung steht – dem im langen Schaffensprozess der Evolution entstandenen Instrumentarium der Wahrnehmung und deren Verarbeitung im Gehirn.

Die vorangehend skizzierte Vorgehensweise bedeutete jedoch nicht, dass ich etablierte Methoden der psychiatrischen sowie psychotherapeutischen Diagnostik und Therapie, wie ich sie während meiner Ausbildungsjahre erlernen konnte, oder gar logisches Denken ablehnen würde. Durchaus nicht. Ich mache von diesen Kompetenzen bis heute Gebrauch, weil sie von elementarer Bedeutung sind und eine unersetzliche Hilfestellung für eine große Bandbreite klinischer Probleme darstellen.

In der ersten Konsultation mit Regula Dammring wandte ich sie aus dem Grund nicht an, weil in mir das Gefühl vorherrschte, einer logisch nicht beweisbaren Gewissheit vertrauen zu können, um eine neuartige Vorgehensweise zu erkunden. Sie bestand darin, die Konsultation sich nicht nur auf der Ebene sprachlicher Kommunikation entwickeln zu lassen, sondern den Gestaltungsraum der therapeutischen Interaktion und Exploration durch das Einbringen von Objekten um eine neue Dimension zu erweitern.

Mir schien und erscheint es bis heute wichtig, das konzeptionelle Handwerkszeug flexibel und auf die Bedürfnisse des jeweils betreffenden Menschen zugeschnitten zur Anwendung zu bringen – im Unterschied zu der rigorosen Vorgehensweise des Prokrustes in der antiken griechischen Mythologie.

Ich war mir durchaus im Klaren, dass meine Vorgehensweise ein Wagnis darstellte, da ich mir selbst nicht bewusst war, auf welcher rational nachvollziehbaren Grundlage sich die Auswahl der Objekte und die sich entfaltende Regie vollzog. Zudem fehlte mir ein rationales Kriterium, das mir eine Vorhersage darüber erlaubt hätte, welche psychologische Reaktion die Objekte und die mit ihrer Hilfe gestaltete Regie bei Regula Dammring auslösen würden, wobei das Spektrum denkbarer Reaktionen von einer völlig ausbleibenden bis hin zu einer die seelische Lage belastenden reichte.

Zweifellos stellte die erste Konsultation mit Regula Dammring eine fulminante Ouvertüre dar, im Zuge derer es trotz völlig fehlender Vorinformation gelang, einen dramatischen Einblick in das sie seit ihrer Kindheit verstörende und beschwerende Trauma zu gewinnen.

Umso drängender stellte sich die Frage, ob sich angesichts dieser Dramatik über die Skizzierung dessen hinaus, was ich im Vorangehenden dargestellt habe, eingehendere Erkenntnisse über die therapeutische Arbeit mit Regula Dammring gewinnen ließen.

III

DER KOMMUNIKATIONSKÖRPER
DIE UNBEWUSSTE TRANSMISSION VON
TRAUMEN

Es war evident, dass weder die Auswahl der Objekte noch die dank ihrer Hilfe gestaltete Regie aufgrund von verbalen Informationen, die von Regula Dammring mitgeteilt worden wären, zustande gekommen waren. Es wurden keinerlei Informationen solcher Art mitgeteilt, was die Schlussfolgerung zuließ, dass die von Regula Dammring zugeleiteten Informationen mir auf nonverbalem Weg kommuniziert worden waren.

Wenn die vorangehend geschilderte Arbeit ein zentrales Kindheitstrauma korrekt widerspiegelte, stellt sich die Frage, wie es mir möglich war, dieses Kindheitstrauma zu identifizieren – umso mehr als meine Vorgehensweise nicht darauf beruhte, auf der Basis bewusster Überlegungen eine Reihe denkbarer traumatischer Szenarien zu erwägen und abzuwägen. Ganz im Gegenteil: Die Auswahl der Objekte und die mit ihnen zur Darstellung gebrachte Regie hatten sich aufgrund einer selbst organisierten Dynamik entwickelt, um das Kindheitstrauma aufzuspüren und ans Licht zu bringen.

Dies wirft die Frage auf, wie es Regula Dammring möglich war, mir Informationen über ein sie betreffendes, zentrales Kindheitstrauma zuzuleiten, obwohl sie dieses Trauma selbst nicht verbalisierte. In Teil I in Kapitel IV beschreibt sie, dass sie im Rahmen einer früheren Therapie einen Zugang zu dem Kindheitstrauma erhalten hatte. Sie deutet weiter an, dass es ihr damals jedoch nicht eindeutig bewusst wurde, ob ihr Erleben ein wirkliches kindliches Trauma widerspiegelte oder nicht. Das bedeutet, dass sich zum damaligen Zeitpunkt das Kindheitstrauma noch nicht als unumstößlich wirklich in ihrem Bewusstsein verankert hatte. Zudem war dieses erschütternde Kindheitstrauma Regula Dammring in der beschriebenen Erstkonsultation mit mir anfänglich selbst nicht bewusst zugänglich, sodass sie nicht in der Lage war, es mir bewusst sprachlich zu kommunizieren.

Auf eine denkbare theoretische Erklärung für das korrekte Erkennen von Regula Dammrings unbewusstem Kindheitstrauma brachte mich eine frühere psychotherapeutische Arbeit, die auf der Durchführung mit einem einzigen Objekt beruhte und in der 1991 erschienenen Publikation *Therapie im sprachlosen Raum: HWS-Trauma in der Kindheit. „Kopf-Körper-Entkopplung" und deren Erfassen durch die Arbeit mit einem Objekt* beschrieben ist.

Im Rahmen dieser Arbeit, die sich ebenfalls während eines Erstkontakts in der Vorstellungsrunde eines Seminars zutrug, führte der Flug eines meiner Lieblingsobjekte – ein kleines, rosafarbenes Koalabärchen – quer durch den Seminarraum zum Bewusstwerden eines schweren, kindlichen, körperlichen Traumas, und zwar einer lebensbedrohlichen Atlasfraktur. Auch in dieser Arbeit hatte mir jegliche Vorinformation über das zugrunde liegende Kindheitstrauma gefehlt. Dies ließ die Schlussfolgerung zu, dass die Kollegin in der Arbeit mit dem rosaroten Koalabärchen – ebenso wie später Regula Dammring – ihr Trauma mir in nonverbal verschlüsselter, ihr selbst zunächst nicht bewusster Form kommuniziert hatte.

Bekanntlich verfügt die menschliche Kommunikation neben der gesprochenen Sprache über eine breites Spektrum von Ausdrucksformen, wie den subtilen Ausdruck der Augen, das feine Spiel der Gesichtsmimik, die komplexe Gestik, die Haltung und die Bewegungsmuster des Gesamtkörpers. Welche immense Vielfalt an Ausdrucksformen schon allein der menschlichen Hand in die Hand gelegt ist, beschreibt Heinrich von Kleist eindrucksvoll am Beispiel des berühmten Schauspielers August Wilhelm Iffland:

Er drückt, in der Tat, auf die erstaunenswürdigste Art, fast alle Zustände und innerliche Bewegungen des Gemüts damit aus.

Somit stehen der menschlichen Kommunikation neben der Sprache eine Palette kommunikativer Instrumente und deren orchestrales Zusammenspiel zur Verfügung. Für sich allein genommen würde dies jedoch noch keine ausreichende Erklärung für die kommunikative Übermittlung von Kindheitstraumen anbieten. Dies führte mich zu dem Konzept des Kommunikationskörpers, den ich in der vorangehend zitierten Publikation wie folgt beschrieb:

Da die Kommunikation einen komplexen „Organismus" darstellt, in welchem verschiedene kommunikative „Glieder" (wie Stimme, Augen und Gesichtsausdruck, Gestik etc.) interagieren, ist der Kommunikationskörper eines Menschen kein statischer, sondern ein gewachsener „Organismus", der individuell-entwicklungsbedingten Einflüssen unterworfen ist. Es ist daher denkbar, dass biografische Erfahrungen die Struktur und Funktion dieses Kommunikationskörpers in spezifischer Form prägen können. Daher ist es im Rahmen menschlicher Kommunikation wohl nicht möglich, ausschließlich objektive Informationseinheiten auszusenden, sondern die Verankerung des Kommunikationskörpers im frühen Erfahrungsbereich legt nahe, dass auch immer das Flair der frühen Geschichte eines Menschen mitschwingt.

Das Konzept des Kommunikationskörpers beinhaltet somit, dass auch frühe Traumen in die kommunikativen Muster eines Menschen eingewoben werden und die Erwachsenenkommunikation mitprägen können, ohne dass Menschen notwendigerweise über ein bewusstes Wissen der erlittenen Traumen sowie die unbewusste Übermittlung traumabedingter kommunikativer Signale in ihrer Erwachsenenkommunikation verfügen.

Das Aussenden traumatischer Signale wird jedoch nur dann zu einer erfolgreichen Entschlüsselung und Bewusstwerdung führen, wenn sie von einer/m Empfänger*in auch tatsächlich wahrgenommen werden. Der wachen Beobachtung und präzisen Wahrnehmung ausgesandter traumatischer Signale seitens der Empfänger*innen fällt somit eine Schlüsselrolle zu.

IV

DIE FANGNETZE DER INFORMATION
BEOBACHTUNG UND WAHRNEHMUNG

Je weiter das Netz der Beobachtung ausgeworfen und je wacher und subtiler die Wahrnehmung ist, desto umfassender wird das Maß aufgefangener Informationen sein – seien sie visueller oder akustischer Natur – und mit desto größerer Wahrscheinlichkeit können in die Erwachsenenkommunikation eingeflochtene, traumarelevante Signale wahrgenommen werden und zu tieferen Einblicken führen.

Eine nur auf die Sprache eingegrenzte Beobachtung kann durchaus hilfreiche Spuren zu Traumen aufdecken – sei es ein stetiges Ringen um Worte, ein staccato-artig unterbrochener Fluss der Darstellung oder eine zu heftige Lautstärke oder -schwäche. In *„Maikäfer flieg, dein Vater ist im Krieg ..."*

illustriert die auf S. 71 ff zitierte Fallgeschichte, wie allein der selbstverständlich erscheinende Gebrauch militärischer Begriffe zu einer kriegsrelevanten Familienthematik führte.

Vor allem dann – jedoch nicht nur dann –, wenn der Weg zur sprachlichen Darstellung unbewusster Traumen durch die unterdrückende Macht dieser Traumen behindert oder gar blockiert ist und das Sich-Verlassen auf den sprachlichen Kommunikationsweg wenig aussichtsreich erscheint, ist es wichtig, sorgfältiger Beobachtung und feinfühliger Wahrnehmung besondere Aufmerksamkeit zu gewähren, um jenseits von Sprache sich entfaltende, kommunikative Ausdrucksformen im Netz der Beobachtung einzufangen.

Zwar hatte Regula Dammring zu Beginn der Erstkonsultation einige Worte gesprochen, wie beispielsweise im Rahmen der Begrüßung. Die verbal mitgeteilte Information bezog sich jedoch nicht auf das zugrunde liegende Kindheitstrauma. Daher ist anzunehmen, dass die traumarelevante Information durch den vorangehend beschriebenen Kommunikationskörper übermittelt wurde, wenn auch in verschlüsselter Form. Der Empfang dieser traumarelevanten Information war mir jedoch nur dank einer ausreichend fein-kalibrierten Sensibilisierung meiner Wahrnehmung möglich, ähnlich wie eine Nachricht nur dann erfolgreich von einem Mobilfunksendeturm an ein Mobiltelefon übermittelt werden kann, wenn dieses aus technologischer Sicht empfangsfähig und auf Empfang geschaltet ist.

Hätte mir von den zur Verfügung stehenden Empfangs-kanälen der Wahrnehmung nur der sprachliche Kanal zur Verfügung gestanden, der in Sprache gekleidete Information empfängt, wäre mir kein Zugang zu Regula Dammrings Kind-heitstrauma möglich gewesen – da und solange es ihr selbst nicht möglich war, das erlittene Kindheitstrauma in Worte zu fassen, um es mir mitzuteilen.

V

DIE UNSICHTBARE BRÜCKE DER KOMMUNIKATION

IM UNBEWUSSTEN RAUM

Der Umstand, dass mir Regula Dammring traumarelevante Informationen mitteilte, zu denen sie in der Erstkonsultation zunächst selbst keinen bewussten Zugriff hatte,
darf nicht darüber hinwegtäuschen, dass sie sich nicht als
Einzige in einer Situation befand, in der ihre Kommunikation
bzw. ein Teil derselben außerhalb ihrer bewussten Steue-
rung ablief. Denn auch mir war durchaus kein durchgehend
bewusster Einblick in meine Wahrnehmung der Informationen, die ich von Regula Dammring empfing, vergönnt. Das,
was Regula Dammring als Informationen aussandte, prallte
als Licht- oder Schallwellen auf mein Seh- bzw. Hörorgan,

wo sie, dank raffiniert konstruierter Sinneszellen in neuronale Impulse verwandelt, in das Innere meines Gehirns weitergeleitet wurden. Der präzise wahrnehmende Einblick in diese neuronalen Abläufe wurde mir dabei leider nicht zuteil.

Einen Eindruck von der Komplexität der Konstruktion des Sehorgans vermittelt die Aussage des berühmten spanischen Neuroanatomen und Nobelpreisträgers Santiago Ramón y Cajal:

[T]he retina [is] the oldest and most persistent of my laboratory loves ... [L]ife never succeeded in constructing a machine so subtly devised and so perfectly adapted to an end as the visual apparatus ... I felt more profoundly than in any other subject of study the shuddering sensation of the unfathomable mystery of life.

Zwar wurden die entlang der Nervenbahnen ziehenden Impulse letztlich in den relevanten Arealen des Gehirns in bildhafte Konstrukte und/oder Stimmungen im Sinn innerer Wahrnehmungen umgesetzt. Aber auch deren Bedeutung war mir nicht immer vollständig begreifbar, wenn sie auch ausreichend waren, Impulse zu vermitteln, um beispielsweise Objektskulpturen aufzubauen.

So ist die Erkenntnis nicht zu umgehen, dass mir kein Einblick in einen wichtigen Abschnitt der neuronalen Abläufe, der von den Sinnesorganen bis zum bewussten Auskristallisieren der Wahrnehmungen in den Arealen im Gehirn reichte, vergönnt war. Zusammenfassend lässt sich sagen, dass nicht nur seitens Regula Dammrings, sondern auch meinerseits nur ein Teil der kommunikativen Prozesse und der Wahrnehmung auf bewussten Bahnen verlief.

VI

OBJEKTE

BESTANDTEILE MENSCHLICHER EXISTENZ

In *A History of the World in 100 Objects* unterstreicht Neil MacGregor die bedeutende Rolle, die Objekte in der Geschichte der Menschheit spielen:

Human life began in Africa. Here our ancestors created the first stone tools to chop meat, bones and wood. It was this increasing dependency on the things we create that makes humans different from all other animals. Our ability to make objects allowed humans to adapt to a multitude of environments and spread from Africa into the Middle East, Europe and Asia. From about 40,000 years ago, during the last Ice Age, humans created the world's first representational art.

Auch im Leben jedes einzelnen Menschen spielen, wie Donald Winnicott nachwies, Objekte im Sinn von Übergangsobjekten eine bedeutungsvolle entwicklungspsychologische Rolle.

Hieraus die Schlussfolgerung zu ziehen, dass die Bedeutung, die Objekte in der Menschheitsgeschichte wie auch in der individuellen Entwicklung einnehmen, eine ausreichende Erklärung für die Prozesse bieten würde, die Objekte im Rahmen der beschriebenen Erstkonsultation spielten, erscheint jedoch voreilig. Denn es handelte sich hierbei um spezielle, von mir ausgewählte Objekte, die durch eine von mir entwickelte Regie einen gestalterischen Ausdruck fanden.

Auch aus der Annahme, dass Informationen, die durch Regula Dammrings Kommunikationskörper an mich übermittelt wurden, bei mir zur Wahl der einzelnen Objekte und deren regiegesteuerter Verwendung führten, folgt nicht zwangsläufig, dass die Objektskulptur eine solch denkwürdige Wirkung auf Regula Dammring ausübte, wie sie es in ihrem Bericht in Kapitel VI beschreibt. Wobei eine solche Wirkung keinen Einzelfall darstellt, sondern in einer Vielzahl anderer klinischer Fälle zu beobachten war, die in einer Reihe von Publikationen und in den Büchern *„Maikäfer flieg, dein Vater ist im Krieg ..."* und *Licht in den Ozean des Unbewussten ...* dargestellt sind.

Dies wirft die Frage nach einer Erklärung der Wirkungsweise der Objekte und der mit ihnen gestalteten Regie auf. Ich neige zu der Auffassung, dass die Objekte die von Regula Dammring intensiv erlebte Wirkung entfalten konnten, weil ihre konkrete und/oder symbolische Repräsentanz in Einklang mit dem Wesen des traumatischen Geschehens stand, das Regula Dammring in ihrer Kindheit erlitten hatte.

Offensichtlich vermittelte die Analogie zwischen der dramatischen Regie der sich vor ihren Augen abspielenden Objektskulptur und dem in ihr gespeicherten, tief erschütternden Vorfall diesem bislang hinter der Maske diffuser, gefühlsmäßiger Stimmungen und sensorischer Empfindungen versteckten, aber noch nicht in eine bewusste

Sprache er- und gefassten Kindheitstrauma den Anstoß zum Transfer in ihr Bewusstsein und in eine bewusste Sprache.

Dies wiederum wirft die Frage auf, ob sich das, was ich mit dem Begriff des Anstoßes zum Transfer in das Bewusstsein bezeichnet habe, noch differenzierter erfassen lässt.

VII

DER WINZIGE HOLZZUG
DIE WIRKUNG EINES OBJEKTS

Während eines einige Jahre nach der Objektskulptur mit Regula Dammring stattfindenden Einführungsseminars über die Arbeit mit Objektskulpturen stellte ich im Seminarraum eine Reihe von Objekten auf, zu denen auch ein aus einer Lokomotive und einigen angehängten Waggons bestehender, winziger, holzgeschnitzter Zug zählte. Meiner üblichen Vorgehensweise folgend baute ich auch diese Objektskulptur auf, ohne Überlegungen zur Wahl der einzelnen Objekte anzustellen und ohne einen Kommentar abzugeben. Nach der Fertigstellung der Objektskulptur sah ich aufmerksam den Reaktionen der Seminarteilnehmer*innen entgegen.

Schließlich meldete sich ein älterer Herr zu Wort. Er könne nicht viel sagen, außer dass er aus einem unerklärlichen Grund wie gebannt immer wieder auf den kleinen Holzzug schauen müsse und dass er unter einem unerwartet aufgetretenen, unerklärlich starken Kopfweh litte. Ich sagte ihm, dass mir es leid täte, von seinen Kopfschmerzen zu erfahren, aber es sei wohl das Sinnvollste, abzuwarten.

Als ich den älteren Herrn eine Weile später wieder ansprach, hatte sich sein Kopfweh verstärkt, ohne dass ihm klarer geworden wäre, warum ihn der winzige Holzzug in einen solchen Bann gezogen hatte und warum es zu dem unerwarteten Auftreten der starken Kopfschmerzen gekommen war. Wiederum verstrich eine Weile, bis sich ein Verstehen der rätselhaften Befindlichkeit einstellte, als dem älteren Herrn bewusst wurde, dass der winzige Holzzug die Erinnerung an eine traumatische Fluchterfahrung in seinem Bewusstsein wiederbelebt hatte.

Gegen Ende des Zweiten Weltkriegs befand er sich als Teenager zusammen mit seiner Mutter in einem Zug auf der

Flucht aus Polen in den Westen. Plötzlich wurde der Zug von polnischen Partisanen angehalten. Nach dem Besteigen des Zuges durchsuchten die polnischen Partisanen den Zug nach deutschen Männern, um sie festzunehmen und zum Aussteigen zu zwingen. Angst um sein Leben, ja Todesangst überwältigte den damaligen Teenager, da auch er eine Festnahme befürchten musste. Schließlich verließen die Partisanen den Zug, ohne dass er festgenommen worden wäre, und der Zug setzte seine Reise nach Westen fort.

Jahrzehnte nach dieser grauenvollen Episode, im Zuge derer die festgenommenen deutschen Männer erschossen worden waren, war es, wie der ältere Herr berichtete, das erste Mal, dass dieses Schreckenstrauma aus seiner Zeit als Teenager in sein Bewusstsein zurückgekehrt war – dank des winzigen Holzzugs, der seine Aufmerksamkeit in den Bann gezogen hatte.

„Ich vermute, Sie haben in Ihrem Leben des Öfteren Züge gesehen und sind in Ihnen gefahren?", fragte ich den älteren Herrn mit einer gewissen Verwunderung darüber, dass es einem winzigen Holzzug, jedoch nicht einem wirklichen Zug gelungen war, dieser jahrzehntelang verdrängten Schreckensepisode wieder Zutritt in sein Bewusstsein zu verschaffen und ein existenziell bedrohliches, lang verdrängtes Trauma so in das Bewusstsein zu überführen. „Ja," bestätigte er mir meine Frage. Es sei der winzige Holzzug gewesen – und nicht die wirklichen Züge –, der dies vollbracht hätte.

Wieso gelang das nicht den üblichen Zügen, sondern dem winzigen, wundersam verspielten Holzzug? Ihm und nicht einem der anderen Objekte, die ich im Seminarraum platziert hatte, und auch nicht den Zügen, in denen der Seminarteilnehmer nach der Flucht im Lauf seines Lebens gereist war, war der entscheidende Impuls zu verdanken, ein jahrzehntelang im Unbewussten verborgenes Schreckenserlebnis in sein Bewusstsein zurückzubringen.

In vergleichbarer Form gelang es offensichtlich den von Regula Dammring in Kapitel VI beschriebenen Objekten, vor allem dem Löwen und dem Kaninchen, Erinnerungen an das zutiefst ängstigende, bedrohliche Kindheitstrauma in ihr Bewusstsein zu bringen. Auch in ihrem Fall gelang den kleinen, reizvollen Tierpuppen das Kunststück einer Gratwanderung: einem seit der frühen Kindheit verdrängten und somit unbewusst gebliebenen, hin und wieder als diffuse Wolken von Bedrohung auftauchendem Trauma den Weg in das Bewusstsein und in eine fassbare Sprache zu ebnen. Um dessen Präsenz im Verborgenen endgültig aufzulösen und um dem Trauma einen Platz im Raum der Vergangenheit zuzuweisen und so seinen Würgegriff auf das Beziehungsleben von Regula Dammring zu lösen.

VIII

OBJEKTE ALS KATALYSATOREN

Formal besehen ließen sich die Objekte als Katalysatoren bezeichnen, die es ermöglichten, das unbewusste Kindheitstrauma mithilfe von Sprache in das Bewusstsein zu transferieren. Aber wie ließe sich eine solche durch die Objekte in die Wege geleitete Katalyse näher verstehen?

Hier kommt mir, nicht nur wegen ihrer Dramatik, sondern auch wegen des Hineinreichens in die früheste Lebenszeit, die Fallgeschichte von Frau S. in den Sinn, in deren Mittelpunkt der Prozess der Bewusstwerdung eines Säuglingstraumas durch eine Objektskulptur im Rahmen eines meiner Seminare stand.

Dazu möchte ich das, was ich im Kapitel 1.1.14 *Der Säuglingsschrei und sein spätes Echo* in *Licht in den Ozean des*

Unbewussten ..., festgehalten habe, ausführlich widergeben, auch um das Verständnis meiner Ausführungen im folgenden Kapitel IX zu erleichtern:

...Ohne Umschweife kam eine Teilnehmerin Ende der 1980er Jahre in einem Seminar mit dem Titel *Das Tor zum sprachlosen Raum*, das der Exploration früher Lebenserfahrungen und Traumatisierungen gewidmet war, darauf zu sprechen, was sie zur Teilnahme an diesem Seminar bewogen hatte. Mit gefasster Stimme und offensichtlich getragen von einem Vertrauen in mich, obwohl ich ihr zuvor nicht begegnet war, berichtete sie davon, dass sie vermute, im Säuglingsalter Opfer eines sexuellen Übergriffs geworden zu sein. Da sie jedoch über keinen bewussten Zugang zu diesem Trauma verfügte, erhoffte sie sich einen solchen durch eine Arbeit im Rahmen des Seminars.

Ich finde es eindrucksvoll und mutig, dass sie – ich nenne sie Frau S. – ihr Anliegen so offen und direkt anspricht. Anstatt weitere Fragen zu stellen, beschränke ich mich darauf, es bei dem zu belassen, was sie mir anvertraut hat und entscheide mich zu warten, bis sie sich wieder von sich aus zu Wort melden würde. Dies tut sie dann am dritten Tag des viertägigen Seminars, als sie mir zu verstehen gibt, sie wolle jetzt arbeiten. Ich erkläre mich einverstanden. Ergänzend zu dem, was sie am ersten Seminartag berichtet hatte, führt sie aus, dass sie als Siebenjährige „eines Abends beim Nachtessen das Gefühl zu ersticken [gehabt habe]". Um Luft ringend habe sie in größter Panik am Spülstein gestanden. Der erste hinzugezogene Arzt habe nur Beruhigungsmittel verschrieben. Aber ein später konsultierter, stadtbekannter Kinderarzt habe die Vermutung geäußert, dass sie in ihrer Kindheit einmal einen Schock erlitten haben müsse. Die Angst zu ersticken habe „wochenlang angehalten", sodass sie einige Zeit vom Schulunterricht befreit werden musste.

Damals sei sie auch von Wiederholungsträumen geplagt gewesen. Im ersten Traum sah sie sich schlafend in einem Gitterbett im Elternzimmer. Ein Mann sei mit einer Leiter in das Zimmer gestiegen, habe sie gepackt und mit sich fortgeschleppt. In einem zweiten Traum sei sie mit dem Fahrrad zum Einkaufen unterwegs gewesen. Auf der Höhe des Elternhauses überholte sie ein Lastwagen. Ein Mann habe plötzlich seinen Arm aus dem Führerhaus gestreckt. Der Arm des Mannes sei länger und länger geworden und habe nach ihr gegriffen. Schließlich sei sie hochgezogen worden. Sie war sich sicher, umgebracht zu werden.

Ich konzentriere mich darauf, ihrem Bericht zuzuhören. Zwar fehlt es mir beim Zuhören nicht an einer inneren Bereitschaft, die in Worte verkleideten, akustischen Wellenschwingungen wie eine leichte Brise, die über Kornfelder streift, in mein Gehörorgan und in das Innere meines Schädels ziehen zu lassen. Aber mein Wunsch, die Aufnahme solcher Wortinformationen würde in der Alchemie der neuronalen Zauberwerkstatt zu einer Verwandlung in Goldkörner der Erkenntnis führen, bleibt unerfüllt.

Auch das Räderwerk meiner bewussten Gedanken scheint keine sonderliche Bereitschaft zu erhöhter Aktivität zu zeigen, sodass ein Beobachter meinen Zustand als den einer scheinbaren, kaum verhüllten Teilnahmslosigkeit beschreiben könnte. Da auch mein Über-Ich von der in meinem inneren Erlebnisraum entstandenen Atmosphäre „angesteckt" scheint, bin ich keiner inneren Maßregelung bezüglich meiner anscheinenden Gleichgültigkeit ausgesetzt und habe freie Hand, mich unbekümmert wie Treibgut im Strom der weiteren Entwicklung dahintreiben zu lassen.

Ich verspüre keinen Impuls, mich in ein Nachdenken über den Bericht von Frau S. zu versenken. Stattdessen reizt es mich aufzustehen, um aus dem Fenster zu schauen und den Blick über die in warmen gelben Tönen dahinfließenden Konturen der Sommerlandschaft und den aufziehenden Abendhimmel gleiten zu lassen.

Die erste Bemerkung, die ich fallen lasse, nämlich dass ich kein Kriminalexperte sei, ist überflüssig und nicht sonderlich hilfreich. Gleiches gilt für meine Frage an Frau S., was sie tun würde, würde ihr selbst ein solches Problem zur Lösungsfindung vorgetragen. Sie wisse es nicht, entgegnet sie – eine Antwort, wie ich mir sie hätte denken können.

Doch gegen den Hintergrund der mich bestimmenden, am besten vielleicht mit dem Begriff „cool" zu umschreibenden, anscheinenden Teilnahmslosigkeit schweben mögliche

Bedenken, sofern ich sie überhaupt registriere, wie dunkle Vögel am Horizont der inneren Gedankenwelt vorüber. Die Art dieser inneren Stimmung ändert sich auch nicht, als mir die Geschichte vom Kidnapping des Babys des berühmten amerikanischen Fliegers Charles Lindbergh einfällt, der als erster Mensch den Atlantik überflogen hatte. Mit gleichgültiger Stimme erzähle ich von diesem Mordfall, der sich in den 1920er Jahren zugetragen und in dem eine Holzleiter eine Rolle gespielt hatte, ohne dass ich eine Ahnung hätte, warum mir gerade diese Geschichte eingefallen war. So ist es auch nicht verwunderlich, dass Frau S. meinen Ausführungen ohne sonderliche Gefühlsregungen zuhört. Denn aus welchem Grund sollte sie angesichts des nüchternen Tonfalls, in dem ich diese Geschichte erzähle, Gefühlsregungen zeigen? Zudem habe ich bislang auch nicht unbedingt den Eindruck erweckt, als bemühte ich mich, eine Lösung für das Anliegen anzustreben, das Frau S. so sehr auf dem Herzen liegt.

Aber immerhin lässt Frau S. mir gegenüber kein Unbehagen durchblicken. Zudem bemerkt sie knapp und bestimmt, dass sie gewiss nicht „gestohlen" worden sei. Ich glaube ihr, auch wenn ich nicht Zeuge des damaligen Geschehens gewesen bin. Ich bleibe noch eine Weile am Fenster stehen. Der Blick über die in die Milde des Abendlichts getauchte Landschaft übt einen besonderen Reiz aus. Als wollte ich der Verwicklung in ein unlösbares Problem entkommen, taucht in mir der Gedanke auf, jetzt alles stehen und liegen zu lassen, um durch die sich in zunehmendes Dunkel hüllende Landschaft zu streifen. Aber dann wendet sich mein Blick vom Fenster und der aufsteigenden zarten Mondsichel ab. Ich drehe mich um und gehe wieder auf meinen Stuhl zu.

Als träfe mich aus heiterem Himmel ein dumpfer Donnerschlag, überkommt mich jäh und ohne Vorwarnung ein Gefühl einer inneren Heftigkeit, das in völligem Konstrast zu der „Coolness" steht, die mich bislang hat dahintreiben lassen. Ohne Frau S. oder den anderen SeminarteilnehmerInnen die Höflichkeit zu erweisen, sie um ihr Einverständnis zu fragen, schalte ich kurzerhand das Licht im Seminarraum aus, sodass dieser nun im Dunkel der Dämmerung liegt.

Ohne ein Wort zu sagen, als seien Worte überflüssig geworden, werfe ich hastig und schnell hintereinander drei Gegenstände auf den mit Holzbalken ausgelegten Fußboden, und zwar das kleine rosarote Koalabärchen, mein weißes Taschentuch und einen großen schmiedeeisernen Schlüssel, wobei ich das Taschentuch und den Schlüssel einfach aus meiner Hosentasche ziehe. Es knallt, als der Schlüssel hart auf dem Holzboden aufprallt. Auch das, was jetzt abläuft, geschieht nicht aufgrund eines vorher ausgeklügelten Plans. Ich überlasse mich Impulsen, die eruptiv aus mir, tiefer als die Verstandesschichten reichen, vulkanartig aus dem Magma der Seele in die Sphäre des Bewusstseins geschleudert werden.

Ich registriere, dass Frau S. betroffen wirkt. Gewiss hätte sie mein „absurdes Theater", das ich ohne Erklärung inszeniert hatte, als lächerlich abtun oder sogar dagegen protestieren können. Dies wäre ihr gutes Recht gewesen. Denn welches überzeugende Argument hätte ich ihr entgegenhalten können? Seltsamerweise spüre ich jedoch, dass das von mir inszenierte Geschehen bei Frau S. eine Resonanz auslöst, die möglicherweise für sie eine tiefere Bedeutung widerspiegelt. Denn langsam gleitet sie von ihrem Sitz auf das kleine rosarote Bärchen zu, das ich so unsanft auf den Boden geworfen hatte, wickelt es ganz vorsichtig mit dem weißen Taschentuch ein, nimmt es zärtlich an sich und hält es dann schützend in ihren Händen.

Nach einer Weile frage ich sie, ob sie und was sie mit den einzelnen Objekten, die ich wie in einer Attacke auf den Boden geworfen habe, anfangen könne. Das Bärchen erinnere sie an einen Säugling, sagt sie. Das Taschentuch könnte Windeln darstellen. Als weite sich der Radius der Gedankenkreise, beschreibt sie, dass sie das Geräusch meiner Schritte auf dem knarrenden Holzfußboden an Schritte auf der Holztreppe erinnert habe, über die man Zugang zu ihrem früheren Kinderzimmer bekam. Zu dem Schlüssel könne sie sich jedoch noch nicht äußern. Als ich spontan den Schlüssel mit meiner Fußspitze hin und her schiebe, erschrickt Frau S.. Denn das scharrende Geräusch der Schlüsselbewegung auf dem Holzfußboden weckt die Erinnerung an das Geräusch beim Öffnen der Klappe des großen Kachelofens, der in dem Badezimmer stand, in dem der Übergriff stattgefunden hatte.

Atemlose Spannung in einer beinahe gespenstischen Atmosphäre erfüllt den Raum. Die Zeit hat sich aus den Uhren ausgeklinkt und ist in die Säuglingszeit von Frau S. zurückgeschnellt.

Beinahe scheint es, als käme jemand die Holztreppe hoch. Dann fällt Frau S. noch ein, dass der Kachelofen auch als Abfalleimer benutzt worden und bei dem Übergriff „etwas in den Kachelofen" geworfen worden sei.

In mir selbst empfinde ich während dieses kurzen Dialogs mit Frau S. wieder mehr Ruhe. Aber sie ist nur von kurzer Dauer. Denn jetzt, genauso unerklärlich wie vorher, überrollt mich eine Woge an Heftigkeit. Wieder werde ich wortlos und greife nach einer Decke, die ich blindlings auf den Boden schleudere – auch jetzt jenseits jeglichen Begreifens, warum ich dies tue –, als habe eine Furie Besitz von mir ergriffen. Hastig reiße ich dann einen Bogen Papier an mich, kritzele einen roten Fleck auf ihn und werfe dann auch das rotbefleckte Papier auf den Boden.

Nun erschrickt Frau S. so sehr, dass sie bleich im Gesicht wird, angespannt und traurig wirkt. Bald wird offensichtlich, dass ihr übel geworden ist. Ich rate ihr, einen Schluck Wasser zu trinken und ihren Kopf über eine Plastiktüte zu halten, und gebe ihr zu verstehen, dass es wohl sinnvoller sei, die Arbeit abzubrechen. Denn es ist keinesfalls meine Absicht, sie zu sehr zu belasten. Aber Frau S. ist hartnäckig entschlossen, weiterzumachen. Nochmals rate ich ihr abzubrechen, aber wieder besteht sie darauf, nicht aufzugeben und abzubrechen, sondern die Arbeit fortzuführen. Sie sei zu dem Seminar gekommen, weil sie eine Antwort auf das Rätsel wolle, betont sie. Sie weiß, was sie will, denke ich mir und ich respektiere ihren Mut. So entscheide ich mich, ihrem Wunsch folgend, fortzufahren.

Mit dem Hinweis, nicht zu wissen, was es mit der Decke auf sich habe, nimmt Frau S. den Faden wieder in die Hand. Nach einer Weile und nachdem auch bei mir erste gedankliche Wellen an die Ufer eines begreifenden Erfassens geschwemmt werden, entgegne ich ihr, dass auch ich keine wirkliche Vorstellung habe, welche Bewandtnis es mit der Decke haben könne. Aber ich spüre, dass mich mein Gefühl und die Form einer körperlichen Empfindung in eine Wahrnehmung drängen, die ich jedoch noch auszusprechen zögere.

Wiederum legt Frau S. ihre Hartnäckigkeit an den Tag und besteht darauf, es zu erfahren. So beschreibe ich ihr, was ich empfunden habe: eine würgende Verkrampfung in meinen Händen. Diese Empfindung steigert sich zu dem Gefühl, dass ein Mann mit gewalttätiger sexueller Absicht versucht habe, sich einem unter einer Decke liegenden Menschen zu nähern.

Frau S. bleibt gespannt, ohne dass ihr ein Zeichen von Erleichterung anzusehen wäre. Die Frage, wer diese Person gewesen ist, steht nun drängend im Raum. Es müsse wohl ein Familienmitglied gewesen sein, vermute ich. Allerdings verfüge ich über keine Beweise. Als habe sich bei mir das rationale Denken wieder eingeklinkt, frage ich aber Frau S.: „Würde ein Fremder den Ofen als Abfalleimer benutzt haben? Es ist nicht auszuschließen, aber doch eher unwahrscheinlich." Als habe sie diesen gedanklichen Faden weiter gesponnen, entgegnet Frau S. sofort, dass der Großvater nicht als Täter in Frage komme. Aber dann stößt schlagartig der Satz über ihre Lippen: „Es war der Vater, ich weiß es."

Kaum hat sie diesen schicksalhaften Satz ausgesprochen, bricht Frau S., einen lauten, grellen Schrei ausstoßend, in sich zusammen. Den Kopf in ihrem Schoß vergraben, durchziehen Wellen tiefer, lebenslang verdrängter Schmerzen ihren Körper. Lange dauert es, bis sie sich beruhigt. In diesem Schmerz einfach bei ihr zu sein, ist alles, was ich zu tun vermag. „Praeesse totum est" – „Dasein ist alles" –, hieß es schon bei den alten Römern.

Nachdem Frau S. wieder ruhiger geworden ist, berichtet sie, dass ihre Mutter ihr immer wieder erzählt habe, sie habe Frau S. einmal in ihrer Wiege im Baderaum liegend jämmerlich schreiend vorgefunden.

Ihre Mutter habe sie damals nicht beruhigen können und habe vermutet, dass Frau S. so heftig geschrien habe, weil ein kleines Tüchlein abhanden gekommen war. Jetzt sagt Frau S., dass sie damals wohl so heftig geschrien habe wie jetzt wieder, Jahrzehnte später, und dass „das kleine Tüchlein wohl von dem Vater in den Ofen geworfen worden ist".

Es vergeht kaum eine halbe Stunde, bis Frau S. entspannt und auffallend gelöst wirkt. Die immense Erleichterung, die sie jetzt, vierzig Jahre nach dem Übergriff in ihrer Säuglingszeit verspüre, sei für sie „noch kaum vorstellbar".

Zwei Wochen nach dieser Arbeit berichtete mir Frau S. von einem längeren Traum, in dem ihr ihr Vater erschienen war und ihr mit „hämisch-lüsternen Mordinstrumenten" nachstellte. Aber es gelang ihr, ihrem Vater zu entkommen und in ihrer jetzigen Familie Schutz zu finden. Erleichtert wachte sie nach dem Traum auf und schloß ihren Bericht mit den Worten: „Ich fühle mich schön und gut, ein gutes, rundes Gefühl."

Es war erschütternd mitzuerleben, wie wenig Achtung Gewalt selbst vor den verletzlichsten Menschenwesen zeigt. Das Entdecken dieser im frühen Erlebnisraum geschehenen Gewalt und die Dimension der lange anhaltenden Nachwehen war auch hier nur auf einem seltsam unbegreiflichen Weg möglich gewesen.

Im Herbst 2007 entstand per Zufall ein erneuter Kontakt zu Frau S.. Eingedenk der Entwicklung der circa zwanzig Jahre, die seit der beschriebenen Arbeit mit den Objekten zurücklag, schrieb Frau S., dass sich aus dem damaligen Seminar ein „... grundlegendes Vertrauen in den Weltenlauf entwickelt [habe, das auch] eine wunderbare Grundlage für [ihre] Arbeit" sei. Ergänzend dazu schrieb sie: „Durch kontinuierliches Wachstum und auch durch die Arbeit mit Ihnen ist es mir gelungen, das frühe Trauma zu verarbeiten, Mut und Vertrauen in meine eigene Wahrnehmung zu entwickeln und meinen Lebensweg in Eigenverantwortung und Liebe zu gehen. Auch in schwierigen Situationen ist es mir immer wieder möglich, mich mit der inneren Gelassenheit und Kraft zu verbinden und neue Schritte zu tun."

Die Arbeit mit Frau S. blieb nicht nur in meiner Erinnerung haften, sondern bewirkte auch eine Weitung des „Objektivs" meines Blickwinkels, wodurch meine Sicht über diese bewegende Objektarbeit hinaus auf den davorliegenden jahrzehntelangen Weg der inneren Auseinandersetzung gelenkt wurde, der zwischen dem frühen Trauma von Frau S. und dieser Arbeit gegen Ende der 1980er Jahre lag ....

IX

MOSAIKSTEINE

WEITERE ÜBERLEGUNGEN ZU DEN OBJEKTEN ALS KATALYSATOREN

Die weiteren Überlegungen zur Rolle von Objekten als Katalysatoren, die sich aus der vorangehend geschilderten dramatischen Fallgeschichte ergaben, habe ich ebenfalls in *Licht in den Ozean des Unbewussten ...* in Kapitel 2.1.4 dargestellt und möchte sie im Folgenden zitieren:

... Vier Jahrzehnte lang hatte Frau S. um ein bewusstes Verstehen des früh erlittenen Traumas gerungen, das dann im Rahmen der [Objekt-]Arbeit mit ungewöhnlicher Dramatik in ihr Bewusstsein einbrach. Wenn Frau S. schon so lang um ein Bewusstwerden und um ein bewusstes Verstehen dieses frühen Traumas gerungen hatte, war anzunehmen, dass es Indizien für einen langfristigen Entwicklungsprozess gab, selbst wenn Frau S. dieser Prozess nicht bewusst gewesen sein mochte – ähnlich wie mir der „unterirdische Faden" eines Zusammenhangs zwischen den Beziehungen zu den Arbeiten mit Objekten [in meiner Kindheit] nicht bewusst gewesen war.

Diese Sichtweise ließ mich schnell fündig werden, da sie es mir ermöglichte, isolierte Erfahrungen wie auf einer Landkarte in einem Zusammenhang zu sehen. Schon drei Tage vor der Objektarbeit mit mir hatte Frau S. von plötzlich in ihrer Kindheit auftretenden, unerklärlichen Symptomen berichtet, die von dem damals behandelnden Kinderarzt verdachtsweise in Bezug zu einem frühen, jedoch unbekannten Trauma gesetzt worden waren. Die beiden beschriebenen Wiederholungsträume interpretierte ich als die Widerspiegelung einer real erlebten Erfahrung und nicht als Ausdruck von Zufälligkeiten. Diese Auffassung beruhte auf der Vorstellung, dass Träume trotz ihres phantasievollen Charakters letztlich immer im existenziellen Erfahrungsraum verwurzelt sind, wie es die Träume in den Fallgeschichten des Kapitels 1.1.6 sowie des Kapitels *Der Traum von weißen Sternen* in dem Buch *„Maikäfer flieg, dein Vater ist im Krieg …"* illustrieren.

Des Weiteren berichtete Frau S. nach ihrer Objektarbeit mit mir von einem unerklärlichen Schreianfall in ihrer Säuglingszeit, der ihrer Mutter unvergessen geblieben war und den ihre Mutter in Bezug zu dem Verlust eines Tüchleins von Frau S. gesetzt hatte. Zu diesen Indizien, nämlich dem Symptom des Erstickens und den Wiederholungsträumen, die schon in ihrer Kindheit aufgetreten waren und deren Ursache ungeklärt geblieben war, hatten sich im Verlauf einer zehn Jahre zurückliegenden Therapie weitere Indizien gesellt, die Frau S. in einem Folgebericht beschrieb.

In einer damaligen therapeutischen Sitzung habe sich Frau S. „sehr, sehr klein gefühlt" und die folgende Körperbefindlichkeit erlebt: „Ich spürte auf dem Rücken liegend, den Kopf nach rechts gedreht, dass ich beinahe erstickte, mich aber auf keine Art wehren konnte. Es war mir nicht möglich, auch nur den Kopf zu heben." In einer anderen Sitzung zur damaligen Zeit wurde das körperliche Empfinden noch prägnanter, wobei sie sich auch hier „sehr klein" fühlte. „Ich spürte sehr deutlich", führte sie aus, „wie sich mein Bauch füllte. Ich hatte das Gefühl, penetriert zu werden."

Als erlebe sie ein Crescendo, schrieb sie: „Ein anderes Mal hatte ich das Bild, in einem weißgekachelten Raum im Stubenwagen zu liegen. Am Fußende des Wagens nahm ich eine dunkle Gestalt mit breitem Körper wahr. Ich fühlte mich unsäglich bedroht."

Die Kette dieser Indizien oder „Mosaiksteine", wie Frau S. es bezeichnete, legt nahe, dass in Frau S. schon über einen Zeitraum von Jahrzehnten hinweg ein unterschwelliger Entwicklungsprozess nach Ausdruck drängte, um ein ihr nicht bewusst fassbares Nichtverstehen ihres frühen Traumas in ein bewusstes Begreifen zu verwandeln. Obgleich die erwähnten „Mosaiksteine" Frau S. selbst durchaus nicht unbekannt waren, blieben sie letztlich dennoch isoliert wie rätselhafte Runen entlang ihres biografischen Weges liegen, da Frau S. nicht den die „Mosaiksteine" verbindenden Zusammenhang erkannte.

Diese Erkenntnis kam erst nach der Arbeit mit den Objekten, d.h. aus der Rückschau, zustande. Somit bestärkten mich die „Mosaiksteine" in der Vorstellung, dass früh erlittene Traumen subtile Spurrillen, oder genauer gesagt, *Spürrillen* von Symptomen längs des biografischen Weges hinterließen, die leidenden Menschen vielleicht bekannt, aber letzlich in ihrer tiefen Bedeutung nicht bewusst waren.

Die Parallele zu dem, was ich am Beispiel der Objektbeziehungen erlebt hatte, reichte jedoch weiter. Denn es war offensichtlich, dass zwischen dem frühen Trauma von Frau S. und der Objektarbeit vier Jahrzehnte später kein Vakuum gelegen hatte, sondern eine Zeit von unterschwelliger Entwicklungsarbeit, um den Durchbruch des Traumas in das Bewusstsein zu erzielen ...

Soweit das Zitat der Fallgeschichte von Frau S..

Die Fallgeschichte mit Frau S. stellt somit ein unterstützendes Argument für das vorangehend dargestellte Konzept des Kommunikationskörpers dar, da das frühe Trauma von Frau S. seine *Spürrillen* hinterlassen hatte, auch wenn deren tieferer Zusammenhang zu dem frühen Trauma Frau S. selbst über Jahrzehnte nicht bewusst war.

Darüber hinaus ermöglicht die Fallgeschichte von Frau S. ein tieferes Verständnis der katalytischen Wirkungsweise der Objektarbeit. Denn offensichtlich hatte das intensive Erleben der Objektskulptur dazu geführt, einem über Jahrzehnte um ein bewusstes Begreifen eines frühen Traumas ringenden inneren Prozess den entscheidenden äußeren Impuls zu vermitteln, der den nachhaltigen Durchbruch des Traumas in das Bewusstsein ermöglichte – indem die Objektarbeit erstmals einen Zusammenhang zwischen allen bislang zusammenhanglos im Bewusstseinsraum verstreuten Mosaiksteinen an Erfahrungen sowie dem zugrunde liegenden Säuglingstrauma und den assoziierten Gefühlszuständen herstellte.

Hier zeigt sich eine Parallele zum Erleben von Regula Dammring. Auch ihr detaillierter Bericht illustriert, dass zwischen dem Kindheitstrauma und dem Beginn ihrer Therapie bei mir kein Zustand des völligen Fehlens von Signalen bestand, die sich auf das frühe Trauma bezogen. Es gab auch in diesem Fall Mosaiksteine – an Erfahrungen emotionaler Natur und des in Teil I in Kapitel IV beschriebenen Auftauchens des Traumas –, die im inneren Bewusstseinsraum verstreut lagen, jedoch, obgleich spürbar, nicht von ausreichender Nachhaltigkeit waren, um das Trauma mit dem Gütesiegel des wirklich Erlebten zu versehen.

Dies gelang erst der katalytischen Wirkung der Objektskulptur, die auch hier – wie im Fall von Frau S. – den Brückenschlag eines Zusammenhangs zwischen allen Mosaiksteinen, den mit ihr verbundenen Gefühlszuständen sowie dem bis dahin unbewussten Kindheitstrauma ermöglichte und so den Anstoß gab, den erlösenden Transfer dieses erschütternden Traumas in das Bewusstsein zu bahnen.

X

DAS SCHAFFEN VON VERSTEHEN

Es ist evident, dass die dramatische, katalysierende Wirkung der Objekte zum Bewusstwerden von Regula Dammrings Kindheitstrauma führte. Neben diesem wertvollen Befund zeigt Regula Dammrings Bericht, dass das Bewusstwerden des Kindheitstraumas – letztlich dank der Wirkung der Objekte – zu einem weiteren wichtigen Ergebnis verhalf. Sie konnte nun verstehen, dass hartnäckig-persistierende, doch ihr letztlich unverständliche Probleme, die sie in Bezug auf Männer erlebte, ursächlich durch das im Unbewussten verborgene Kindheitstrauma bedingt waren.

Die Objektskulptur verhalf Regula Dammring, erstmals einen kausalen Zusammenhang zwischen dem Kindheitstrauma und tiefsitzenden späteren Ängsten in Bezug zu Männern zu sehen und verstehen zu können.

Somit katalysierten die im Rahmen der Objektskulptur agierenden Tierpuppen, der Löwe und das Kaninchen, nicht nur den Transfer eines bislang im Unbewussten verborgenen Kindheitstraumas, sondern auch das Verstehen von bislang unverständlichen Verhaltensproblemen im Erwachsenenalter. Als würden bislang anscheinend unzusammenhängend im Raum der inneren Erfahrung schwebende Erfahrungselemente – das unbewusste Kindheitstrauma, unerklärliche, durch Männer ausgelöste Ängste, angegriffenes Selbstbewusstsein – wie diffus im Raum verstreute Mosaiksteine in einen inneren, logisch nachvollziehbaren Zusammenhang gesetzt, um ein Verstehen zu schaffen.

XI

UNBEWUSSTE PROZESSE IM INNEREN DENKRAUM

SELBSTORGANISATION UND INTUITIVE DIAGNOSTIK

Wie ich bereits ausführte, stellen Beobachtungsgabe und Wahrnehmungsfähigkeit notwendige Voraussetzungen dar, um ein möglichst umfassendes Spektrum kommunikativer Informationen einzufangen, die von Menschen, mit denen ich arbeite, ausgesandt werden. Je eingeschränkter die Beobachtungsgabe und Wahrnehmungsfähigkeit sind, desto geringer und/oder einseitiger wird die Ernte der erhaltenen Informationsmenge sein.

Beobachtungsgabe und Wahrnehmungsfähigkeit – so groß und differenziert sie auch sein mögen – sind jedoch keine Garantie dafür, dass von Menschen, mit denen ich arbeite, unbewusst ausgestrahlte und von mir empfangene Informationen im Zuge ihrer Verarbeitung in dem in meinem Schädel verborgenen Kosmos – wie es der berühmte Astronom Johannes Kepler formulierte – zu Ergebnissen wie Objektskulpturen oder verbalen Interpretationen führen, die in der Lage wären, das Bewusstwerden der ursprünglich unbewusst ausgestrahlten Informationen zu katalysieren.

Ein Bewusstwerden wird nur dann gelingen, wenn die Verarbeitung der von mir wahrgenommenen Informationen kein Produkt des Zufalls ist, sondern wie ein Schlüssel ins Schloss des primär ausgestrahlten, zugrunde liegenden Problems passt.

Eine von der/m Therapeut*in aufgebaute Objektskulptur, die keine präzise, sich auf das zugrunde liegende Problem Bezug nehmende Rückmeldung darstellt, weil sie rein willkürlicher Natur ist und keinen inhaltlichen Bezug zu dem Wesen des unbewussten Problems aufweist, wird keine Resonanz zu eben diesem Problem erzeugen und somit nicht in der Lage sein, den entscheidenden Anstoß zu vermitteln, dessen Transfer in das Bewusstsein zu katalysieren.

Gewiss ist es zutreffend, dass ein Zusammenwirken von Wachheit und Konzentration auf die Außenwelt, d.h. den Menschen, mit dem ich arbeite, bei gleichzeitiger Einstimmung auf die in mir herrschende Innenwelt mit den sich in ihr abspielenden Stimmungen und Bildern notwendige Voraussetzungen dafür sind, den passenden Schlüssel zum Schloss, d.h. dem im Unbewussten verborgenen Problem, zu finden. Der letztlich entscheidende Suchprozess zum Auffinden des Schlüssels ist jedoch in Dunkel gehüllt und logischem Denken nicht zugänglich, da er sich jenseits von rationalen Prozessen abspielt.

Aus formaler Sicht lässt sich das als einen auf Selbstorganisation beruhenden Prozess beschreiben. Da die Selbstorganisation außerhalb des Radius logischer Überlegungen und Abwägungen stattfindet und letztlich von rational nicht ableitbaren und nicht beweisbaren, nur gefühlsmäßig spürbaren, inneren Impulsen beeinflusst wird, lässt sie sich auch als eine intuitive Vorgehensweise beschreiben. Und in der Tat als Intuitive Diagnostik, da diese letztlich zum Erkennen zugrunde liegender Probleme wie das des von Regula Dammring erlittenen Traumas führt. Zahllose weitere klinische Beispiele und theoretische Erörterungen finden sich dazu in den Büchern „*Maikäfer flieg, dein Vater ist im Krieg ...*" und insbesondere in *Licht in den Ozean des Unbewussten ...* .

XII

EIN BLICK AUF DIE NEURONEN
NEURONALE NETZWERKTHERAPIE

Der Heilungsprozess, den Regula Dammring im Lauf der Therapie erlebte, wurde nicht durch einen körperlichen wie beispielsweise chirurgischen Eingriff oder durch die Einnahme eines auf das Nervensystem wirkenden Medikaments erzielt. Die Therapie waren Interventionen wie die während der Erstkonsultation durchgeführte Objektskulptur sowie im weiteren Verlauf der Arbeit eine Serie von Interpretationen zu komplexen psychologischen Zusammenhängen.

Die Interventionen repräsentieren somit Informationen, die Regula Dammring von mir zugeleitet wurden, wobei Regula Dammring diese Informationen über ihre Sinnesorgane aufnahm, von wo aus sie in das Gehirn weitergeleitet wurden, was dort zur Aktivierung von Neuronen – ... *the mysterious butterflies of the soul, the beating of whose wings may some day – who knows? – clarify the secret of mental life,* wie Ramón y Cajal schrieb – führte.

Unter Berufung auf Forschungen des Gedächtnisforschers und Nobelpreistägers Eric Kandel, der die These vertritt, dass

zwei Menschen, die miteinander kommunizieren (und sich das Gespräch merken), synaptische Verknüpfungen in den neuronalen Netzwerken ihres jeweiligen Gehirns ... verändern – auch in einer Psychotherapie

habe ich in *Licht in den Ozean des Unbewussten* ... in Kapitel 3.1.7 das Konzept einer neuronalen Netzwerktherapie entworfen, im Rahmen derer ein Informationsinput zur Umstrukturierung neuronaler Netzwerke, sogenannter Engramme führen kann.

Das Faszinierende an dieser Sichtweise ist nicht nur, dass und in welchem Maß eine Beeinflussung im Sinn einer Umstrukturierung neuronaler Netzwerke möglich ist, sondern dass dies geschehen kann, ohne dass es sich bei dem Informationsinput um Informationen handelt, die – wie beispielsweise die Objektskulptur – auf dem Weg rationaler Überlegungen und Planung entworfen wurden.

XIII

DIE MAGIE DER HEILUNG

DIE ELEMENTE EINES
ENTWICKLUNGSPROZESSES

Schon während der Arbeit mit Regula Dammring drängte
sich mir der Eindruck auf, dass sie einen Entwicklungsprozess durchlief – worauf der Unterschied zwischen ihrer
seelischen Verfassung und ihrem Lebensgefühl zu Beginn
und gegen Ende der gemeinsamen Arbeit hindeutete.

Die Idee, diese positive Veränderung als einen Entwicklungsprozess zu verstehen, basierte auf meinem eigenen,
ebenso unerwarteten wie intensiven Erleben einer Serie
faszinierender, innerer, bildlicher Phänomene, den in *Licht
in den Ozean des Unbewussten ...* detailliert beschriebenen
Erhellungserscheinungen, die sich unter anderem dadurch

auszeichneten, dass sie mir schrittweise den Aufbau eines sich selbst organisierenden, inneren Erkenntnissystems vor Augen führten, und zwar ohne entscheidendes Mitwirken meines rationalen Denkens.

Es war, als würde ein sich unerwartet selbst entzündender Funke im Lauf der Zeit immer aufs Neue Funken auslösen, um im Licht der Erkenntnis Einblicke zu gewähren, die sich mir auf dem Weg bewussten Nachdenkens nicht eröffnet hätten.

Auf diesem Hintergrund schien es mir, als erlebte Regula Dammring in ähnlicher Form einen Entwicklungsprozess. Schon vor Beginn der Therapie hatte sie einen Traum, der ihr den Anstoß vermittelte, die therapeutische Arbeit bei mir zu beginnen. In *Licht in den Ozean des Unbewussten ...* beschrieb ich in Kapitel 1.3.4 *Der Traum vom goldenen Fischfang* einen Traum, der in Bildern ungewöhnlicher Leuchtkraft das vorwegnahm, was ich später im Rahmen der Erhellungserscheinungen erleben sollte: eine Serie jeweils völlig unerwartet eintretender, innerer Erfahrungen, in denen mein innerer Wahrnehmungsschirm von einem intensiven, irisierenden, bläulichen Licht erhellt wurde, und in denen bildliche Konfigurationen auf meinen inneren Wahrnehmungsschirm projiziert wurden, die mir völlig neue Einblicke in die Dynamik meiner Denkprozesse vermittelten.

Da die Erhellungserscheinungen aus eigener Kraft, d.h. völlig selbst organisiert ohne das Einschalten meiner bewussten Denkprozesse auftraten und da sie zu einem sukzessiven, schrittweisen Aufbau von tieferen Einblicken in meine Denkprozesse führten, verkörperten sie einen Entwicklungsprozess, den ich somit sehr bewusst im Erwachsenenalter zu erleben und als Beobachter zu verfolgen vermochte.

Auch Regula Dammrings *Sieben Träume* (Kapitel XVII) spiegelten das eindrucksvolle Konzentrat eines Entwicklungsprozesses wider, als hätten sich ihre Träume wie Wegmarkierungen in den Gesamtverlauf ihres Entwicklungsprozesses eingefügt.

Schon nach der ersten Konsultation erlebte Regula Dammring einen Zustand, den sie als Trance bezeichnete. Es ist unwahrscheinlich, dass es sich hierbei um eine hypnotisch induzierte Trance handelte, da ich keine Hypnose anwandte. Ich interpretierte die von Regula Dammring beschriebene Trance jedoch nicht als einen ungewöhnlichen psychischen Zustand, sondern als die Manifestation einer intensiven Reaktion auf das Erkennen neuer Zusammenhänge und den hierdurch induzierten Aufbau eines neuen Verstehens, das, wie ich vermutete, auf dem Schaffen neuer neuronaler Engramme beruhte.

Auch ich hatte im Rahmen jeder der oben skizzierten Erhellungserscheinungen psychische Zustände erlebt, die sich als Trance bezeichnen ließen, da die gesamte Aufmerksamkeit auf das Erleben der jeweiligen Erhellungserscheinungen und der durch sie in das Bewusstsein projizierten neuen Erkenntnisse sowie intensiver Schreibphasen ausgerichtet war – von denen ich ebenfalls annahm, dass diesen denkwürdigen, geradezu einzigartigen Prozessen sich völlig selbst organisierende Umstrukturierungen neuronaler Engramme zugrunde lagen.

Die dramatischen Sitzungen *Männer sind tödlich für Frauen* und *Männer hassen kleine Kinder*, die Regula Dammring in den Kapiteln VII und XV beschreibt, illustrieren, wie stark Regula Dammring durch den Input neuer Informationen, d.h. Interpretationen, bewegt und berührt wurde, da durch sie Zusammenhänge zwischen bislang unzusammenhängenden Erfahrungsbausteinen hergestellt wurden, was ein bewusstes Verstehen schuf.

Auch hinsichtlich der Dynamik des Schaffens von Verstehen gab es Parallelen zwischen Regula Dammrings und meinem eigenen Erleben, was ich in *Licht in den Ozean des Unbewussten* ... im Rahmen von Ausführungen über die Phänomenologie von Verstehensprozessen dargelegt habe.

Hierzu zählte, dass Ahnungen einem Verstehen vorausgehen mochten, dass sich aber ein Verstehen letztlich sprungartig bzw. quantensprunghaft einstellte. Hatte sich ein Verstehen eingestellt, eröffneten sich Zusammenhänge, die bis dahin nicht fassbar, ja nicht denkbar gewesen waren. Weiterhin eröffnete neues Verstehen den Blick auf den bis dahin zurückgelegten Weg, um zu dem neuen Verstehen zu gelangen, was ich unter anderem am Beispiel der Entwicklung des Raumbewusstseins oder des Zahlenbewusstseins in *Licht in den Ozean des Unbewussten ...* im Einzelnen beschrieben habe.

Es ist naheliegend, davon auszugehen, dass Regula Dammrings Entwicklungsprozess jeweils durch die einzelnen Konsultationen angestoßen und weiter unterhalten wurde.

Aber vielleicht wurde schon im Verlauf der Erstkonsultation durch die Objektskulptur nicht nur der Transfer des Kindheitstraumas in das Bewusstsein bewirkt, sondern gleichzeitig ein lang anhaltender Entwicklungsprozess angestoßen, dessen Dynamik über den Rahmen der Erstkonsultation hinaus wirksam war, sodass Regula Dammring im Verlauf der Therapie Zug um Zug weitere relevante Themenbereiche zu be- und verarbeiten in der Lage war. Wobei ihr Bericht zeigt, dass – ähnlich wie in erfolgreichen Erziehungsprozessen – die von mir angebotene therapeutische Rahmenstruktur von ihr als hilfreich, impulsgebend und unterstützend für den Entwicklungsprozess erlebt wurde.

Die Vorstellung von einer den gesamten Verlaufsbogen der Behandlung ‚anfeuernden' und unterhaltenden Entwicklungsdynamik wurde nicht nur durch das vorangehend erwähnte Erleben meines eigenen durch die Serie der Erhellungserscheinungen angetriebenen Entwicklungsprozesses angeregt, sondern durch noch eine sehr viel weiter zurückliegende Kindheitserfahrung, einer frühen Wortbildungserfahrung, die ich in Kapitel 1.1.1 in *Licht in den Ozean des Unbewussten ...* unter dem Titel *Die Erinnerung an einen Stachelbeerstrauch. Die Geburt eines Wortes aus einem Bild* beschrieben habe.

In dieser damaligen, sehr bewusst und intensiv erlebten Erfahrung sehe ich den Keim einer Entwicklung, die meinen Bezug zu Worten und dem, was ich als das Wunder der Sprachschöpfung betrachte, bis heute geprägt hat, was mir das erstaunliche, über lange Zeit wirkende Potenzial einer solchen Entwicklung vor Augen führt.

Ich neige daher zu der Auffassung, dass die Objektskulptur zu Beginn der Arbeit mit Regula Dammring nicht nur den nachhaltigen Transfer des frühen Traumas in das Bewusstsein katalysierte – und zudem für sich allein betrachtet innerhalb des Zeitraums der ersten Konsultation aufgrund des intensiven Geschehens mit dem Löwen und Kaninchen eine Entwicklung widerspiegelte –, sondern darüber hinaus einen längerfristig wirkenden Entwicklungsprozess anstieß, der dazu beitrug, in der Folgezeit mit magischer Hand die Befreiung aus dem Labyrinth des Traumas zu ermöglichen. Regula Dammring entwickelte so die Freiheit, neue Impulse zur Gestaltung ihres Lebens und ihrer Beziehungen zu verwirklichen.

XIV

GLEICHUNGEN

STIMULATOREN VON ENTWICKLUNG?

Fragen, Ideen und fantasievolle Einblendungen sind der Nährboden für neue Sichtweisen, die den Rahmen des bisher Gedachten innovativ erweitern. Daher möchte ich ergänzend zum Thema der Entwicklung noch sehr gestrafft einen Aspekt skizzieren, nämlich die Rolle, die Gleichungen im Rahmen der durch die Erhellungserscheinungen geschaffenen Erkenntnis und Einsichten spielten – was ich in *Licht in den Ozean des Unbewussten ...* in Kapitel 3.3.1 *Gleichungen als Motor der Entwicklung* detailliert beschrieben habe –, sowie auf die Rolle eingehen, die Gleichungen in der Psychotherapie mit Regula Dammring spielten.

Alle in *Licht in den Ozean des Unbewussten ...* geschilderten Erhellungserscheinungen zeichneten sich dadurch aus, dass das, was ich im Verlauf jeder der einzelnen Erhellungserscheinungen auf meinem inneren Bildschirm wahrnahm, nicht nur zu einer begrifflichen Kategorisierung im Sinn einer Beschreibung des Wahrgenommenen führte, sondern dass dadurch letztlich das sinnlich Wahrgenommene und die begriffliche Kategorisierung im Sinn einer Zuordnung gleichgesetzt wurden – was ich als eine Gleichung zwischen der sinnlichen Wahrnehmung und der auf sie zugeschnittenen Begriffsbildung betrachte. Da sich alle Erhellungserscheinungen durch diesen Aspekt auszeichneten, drängte sich mir die Schlussfolgerung auf, dass dem Herstellen von Gleichungen eine Schlüsselrolle in Entwicklungsprozessen zufällt.

Daher erscheint mir, auf die Psychotherapie mit Regula Dammring bezogen, die Annahme plausibel, dass auch für sie die Rolle von Gleichungen von Bedeutung und entwicklungsfördernd gewesen ist, auch wenn die Gleichungen gewissermaßen von einer externen Quelle, d.h. von mir, angeboten wurden. Wobei die von mir angebotenen Gleichungen ein Gleichsetzen von in Regula Dammring, auch bildlich, gespeicherten Erfahrungen und von mir geschaffenen begrifflichen Kategorisierungen darstellten.

So lässt sich die von Regula Dammring in Kapitel VI *In der Höhle des Löwen* beschriebene Episode als eine Gleichung zwischen dem von ihr erlebten und in Bildern und Gefühlen gespeicherten Trauma und der von mir inszenierten Objektskulptur begreifen. Auch die in Kapitel VII *Männer sind tödlich für Frauen* sowie in Kapitel XV *Männer hassen kleine Kinder* aufgedeckten transgenerationellen Hintergründe und die auf S. 344 beschriebenen, ‚wie diffus im Raum verstreute[n] Mosaiksteine' lassen sich letztlich als eine Gleichsetzung der Auswirkungen familiärer und individueller Schlüsselereignisse auf Regula Dammrings Wahrnehmung und der begrifflichen Kategorisierung durch mich begreifen.

Möglicherweise mutet diese Sichtweise ausgesprochen abstrakt an. Dennoch war, wie Regula Dammrings

Bericht eindrucksvoll zeigt, sehr wohl zu beobachten, dass das Herstellen solcher Gleichungen über den Prozess der Bewusstwerdung jeweils neues, klärendes, hilfreiches Verstehen, eine spürbare emotionale Entlastung und Erleichterung und entwicklungsfördernde Anstöße stimulierte. Aus diesem Grund erscheint es mir angebracht, die Rolle von Gleichungen im Gesamtgeschehen von Regula Dammrings Entwicklung hervorzuheben.

Nach der Fertigstellung des zuletzt verfassten Kapitels über die Gleichungen erschien es mir wichtig, Regula Dammring um ihre Sichtweise zu bitten. Sie schrieb darauf:

„Ich bin wie Du davon überzeugt, dass ein wesentlicher Prozess in einer erfolgreichen Psychotherapie darin besteht, Erlebnisse, Traumen, Verletzungen und dergleichen in die Begriffsbildung zu überführen, sie klar zu benennen, also in Worte zu fassen und damit auf der Ebene des Denkens zugänglich – und genau damit auch erfahrbar – zu machen. Dasselbe passiert, denke ich, auch mit den Objektskulpturen. Es muss die Möglichkeit geschaffen werden, Verknüpfungen auf mehreren Ebenen herzustellen. Nur wenn die Gleichungen wirklich stimmen, ergibt sich ein Erkenntnisgewinn und ein Zuwachs von Verständnis und Weiterentwicklung. Dabei bestehen die Gleichungen sogar aus drei Teilen, die zueinander passen müssen wie ein Schlüssel ins Schloss. Einmal die zum Teil unterbewussten Erlebnisinhalte, dann die Objektskulpturen und schließlich die Verbalisierungen, die zur Begriffsbildung führen. Wenn auch nur eins davon nicht passgenau ist, wird sich nicht viel bewegen können."

XV

DIE UNSICHTBARE, UNBEWUSSTE MACHT DER FRÜHEN LEBENSJAHRE ALS QUELLE VON BESCHWERDEN, SYMPTOMEN UND ERKRANKUNGEN

EINE MEDIZIN DES UNBEWUSSTEN?

Regula Dammrings Bericht führt eindrucksvoll vor Augen, in welchem Maß im Unbewussten verankerte Kindheitserfahrungen und Traumatisierungen ein Spektrum psychologischer Funktionen, wie ihre seelische Befindlichkeit, ihr Selbstwertgefühl, ihr Rollenverständnis als Frau und ihre Beziehungsfähigkeit zu Männern überschatteten, belasteten und beeinträchtigten und zu immer wiederkehrenden Rückschlägen führten. Als ob die Macht dieser frühen negativen Einflüsse sie wie in einem unsichtbaren Käfig oder Labyrinth, wie sie es beschreibt, gefangen hielt –

ein Labyrinth aus dem es trotz ihrer Intelligenz, ihrer Feinfühligkeit und Wachheit für psychologische Prozesse kein Entkommen zu geben schien. Was sie schließlich dazu bewegte, sich zu bemühen, sich Hilfe von außen zu suchen.

Ihr Bericht illustriert beispielhaft, wie hartnäckig, schwer durchschaubar und machtvoll die frühen Kindheitserfahrungen und Traumatisierungen die psychopathologischen Fäden in der Hand hielten, sodass die Annahme nahe liegt, dass Regula Dammring ohne therapeutische Begleitung ein emotional sehr viel mehr von Angst gesteuertes, belasteteres, wenn nicht unglückliches Leben beschieden gewesen wäre.

Ihre Lebensgeschichte, im Rahmen derer die Fangarme der frühen, unglückseligen Belastungen bis ins Erwachsenenalter reichten, ist beileibe kein Einzelfall. Zwei Weltkriege, der Holocaust, Flucht und Vertreibung, Kälte und Hunger, bis heute nicht überwundene Armut, die Folgen einer über Jahrhunderte kollektiv eingestanzten autoritären Kultur, Verlust- und Trennungserfahrungen sowie

Krankheiten, aber auch ein noch oftmals fehlendes Wissen über die Bedeutung optimaler Rahmenbedingungen für die Entwicklung des kindlichen Gehirns verfügen allesamt – sei es für sich genommen wie auch miteinander kombiniert – über das Potenzial, im Unbewussten der kindlichen Seele traumatische Langzeitspuren zu hinterlassen, die später ihr Unwesen treiben und der Entfaltung einer ausgeglichenen, reifen Persönlichkeit im Weg stehen.

In dem erstmals 1994 erschienenen Buch *„Maikäfer flieg, dein Vater ist im Krieg …"* *Seelische Wunden aus der Kriegskindheit* habe ich das breite Spektrum kriegsbedingter psychologischer Beschwerden, Symptome und Erkrankungen beschrieben, die im Unbewussten verwurzelt sich auf Erwachsene auswirken. Jedoch nicht nur auf diejenigen, die die Kriegseinwirkungen selbst erlitten hatten, sondern auch auf ihre Nachkommen, aufgrund generationsüberspringender, sogenannter transgenerationeller Traumatisierungen, die sich nicht nur auf die Kinder der Kriegskinder, sondern auch auf die Kriegsenkel und darüber hinaus ausbreiten und auswirken können. Wie ich in „*Maikäfer flieg, dein Vater ist im Krieg ...*" schrieb:

[Krieg] ist eine Geißel, deren schleichende Gifte wie die einer generationsübergreifenden Krankheit über Generationen weiterwirken, auch wenn die Waffen schon längst schweigen. Das Merkwürdige ist nur, dass ihr Name in den medizinischen und psychotherapeutischen Lehrbüchern kaum auftaucht.

Die Zahl derjenigen, die hiervon seelisch in Mitleidenschaft gezogen wurden, geht in die Millionen. Genauso wie im Fall von Regula Dammring bestand und besteht bis heute die Herausforderung darin, die unbewussten Kriegstraumatisierungen mit Nachdruck zu erkennen und zu behandeln, um die schmerzlich-sinnlose, generationsübergreifende Weitergabe von Kriegsleid zu unterbinden oder zu lindern und die Lebensqualität zu bessern.

Im Rahmen ihrer psychosomatisch-orthopädischen Pionierarbeit, die in dem gemeinsam von meiner Mutter, Dr. Hildegund Heinl, und mir verfassten Buch *Körperschmerz*

– *Seelenschmerz. Die Psychosomatik des Bewegungssystems. Ein Leitfaden* dargestellt ist, traf meine Mutter auf Patient*innen, deren körperliche Beschwerden, Symptome und Erkrankungen ebenfalls durch Kriegstraumatisierungen, aber auch ein Spektrum anderer traumatischer Einwirkungen verursacht worden war.

Das Erkennen der unbewussten Verankerung von auf den ersten Blick anscheinend körperlich bedingten klinischen Bildern war die notwendige Voraussetzung, um psychologisch orientierte Behandlungsstrategien zu entwickeln, da die rein körperlich ausgerichteten Maßnahmen erfolglos blieben, wenn nicht die Schäden sogar weiter verstärkten.

Auch an diesen eindrucksvollen und oft genug chronischen klinischen Fallgeschichten zeigt sich die Schlüsselrolle der Verankerung im Unbewussten, ohne deren Erkennen keine erfolgreiche, heilende Behandlung möglich wäre. Wobei festzuhalten ist, dass es inzwischen in Analogie zur psychosomatischen Orthopädie für alle Bereiche der Medizin psychosomatische Krankheitsbilder gibt, deren Ursachen ebenfalls im Unbewussten liegen können.

In *Licht in den Ozean des Unbewussten* ... finden sich zahlreiche, detaillierte Fallillustrationen, die darstellen, welche entscheidende Bedeutung dem Aufspüren und Erkennen von im Unbewussten verborgenen Traumatisierungen zukommt, um den Weg zu einer bewussten Verarbeitung und Erlösung von den Leiden zu bahnen.

Die Psychiatrie und die mit ihr verwandten Fächer der Psychotherapie, Familientherapie, Psychosomatik und Psychotraumatologie stehen auch im Zeitalter der hochtechnologischen Medizin vor der speziellen, ja großen Herausforderung, die dem menschlichen Gehirn gegebenen kunstvollen Fähigkeiten und Fertigkeiten der Wahrnehmung und Intuitiven Diagnostik in vollem Umfang einzusetzen, um verborgene, unbewusste Quellen von psychischem Leid aufzuspüren und sie aus der Tiefe der Seele ins Licht des Bewusstseins zu bringen.

XVI

DIE BEFREIUNG AUS DEM LABYRINTH

ENTDECKUNGSREISEN IN DIE TERRA INCOGNITA DES UNBEWUSSTEN

Gewiss geht in der Geschichte der Menschheit von den Entdeckungs- und Abenteuerreisen der äußeren Welt, von Homers *Odyssee* über Ferdinand Magellans erste Umseglung der Erde über die epischen Polarexpeditionen des letzten Jahrhunderts bis hin zum Aufbruch zu den Planeten, der ein neues Zeitalter der Explorationen einläutet, eine große Faszination aus.

Ich empfinde es nicht minder faszinierend, Reisen und insbesondere Entdeckungsreisen in Innenwelten mitverfolgen zu dürfen, die Menschen, mit denen ich gearbeitet habe und arbeite, unternommen haben und unternehmen, um weit in die Vergangenheit, den Kontinent der Kindheit, die Terra incognita des Unbewussten, zu den Inseln der Sprachlosigkeit, in die Wüsten der Erinnerungslosigkeit, die dunklen Höhlen von Trauer und tiefen Ängsten und die Labyrinthe der scheinbaren Ausweglosigkeit, wo der Minotaurus des Unerwarteten, der Gefahren und Todesängste lauert, zurückzugehen – unter Schmerzen und Tränen, in zitternder Hilflosigkeit, um sich von der schweren Last dieser frühen Erfahrungen zu befreien und neue, glücklichere Formen der Lebensgestaltung zu finden und zu verwirklichen.

Hierbei Zeuge sein zu können und das Gefühl haben zu dürfen, die eine oder andere Hilfestellung der Begleitung geleistet zu haben, empfinde ich als ein großes Privileg, das mich an den berühmten Astronomen und Mathematiker Johannes Kepler erinnert, der schrieb, dass der größte Kosmos nicht der der Außenwelt, sondern der im Schädel verborgene sei. Und über dessen großartiges Lebenswerk Albert Einstein schrieb:

Es scheint, dass die menschliche Vernunft die Formen erst selbständig konstruieren muss, ehe wir sie in den Dingen nachweisen können. Aus Keplers wunderbarem Lebenswerk erkennen wir besonders schön, dass aus bloßer Empirie allein die Erkenntnis nicht erblühen kann, sondern aus dem Vergleich des Gedachten mit dem Beobachteten.

XVII

AUSKLANG

Wie viel
durch diese sehr offenen Augen
noch durchmuss

an Menschen, Bildern
und Schrecken,
an Tränen und Garben
von Licht –

Jetzt spiegeln sie,
zwischen Fristen von Schlaf,
von außen und innen
den Himmel

Richard Exner

Alle Landschaften haben
sich mit Blau erfüllt.
Alle Büsche und Bäume des Stromes,
der weit in den Norden schwillt.

Leichte Geschwader, Wolken,
weiße Segel dicht,
die Gestade des Himmels dahinter
zergehen in Wind und Licht.

Wenn die Abende sinken
und wir schlafen ein,
gehen die Träume, die schönen,
mit leichten Füßen herein.

Zymbeln lassen sie klingen
in den Händen licht.
Manche flüstern und halten
Kerzen vor ihr Gesicht.

Georg Heym

DANK

Für die geduldige Entschlüsselung der Hieroglyphen des Traumas und dessen Spuren in meinem Leben sowie für seine zugewandte Begleitung auf der Reise in Abgründe und über Untiefen des therapeutischen Prozesses bedanke ich mich bei Peter Heinl ganz herzlich. Es ist für mich ein sehr besonderes Geschenk gewesen, mich in der damaligen Lebensphase aufgehoben und angenommen zu fühlen. Die Auswirkungen spüre ich noch heute und ich bin glücklich darüber, dass nach den vielen Jahren, die seitdem vergangen sind, eine produktive Zusammenarbeit jetzt dieses Buch ermöglicht hat.

Regula Dammring

Ich danke Regula Dammring für Ihr Vertrauen, ihren Mut, ihre Fähigkeit, die Jahre ihres Ringens um ein neues Lebensgefühl in so bewundernswert meisterhafter Form zu Papier zu bringen und ihre Bereitschaft, sie mit anderen Menschen zu teilen.

Ich danke Susanne Kraft für die sich durch ein so außergewöhnlich feines Sprachgefühl auszeichnende, hervorragende und anregungsreiche Betreuung der diesem Buch zugrunde liegenden Manuskripte.

Und ich danke Uwe Kohlhammer für das ungewöhnliche künstlerische Feingefühl und reiche talentierte Können, aus einem aus zwei Manuskripten bestehenden Papierberg ein Gesamtbuchwerk zu schaffen.

Peter Heinl

LITERATUR

Banville, J.: Kepler. Minerva, London, 1981

Celan, P.: Todesfuge in: Mohn und Gedächtnis. Gedichte. Deutsche Verlags-Anstalt, 2012

Ehrlich, B.: The Dreams of Santiago Ramón y Cajal, Oxford University Press, Oxford, 2017

Einstein, A.: Albert Einstein über Kepler. Frankfurter Zeitung, 9. November 1930. https://www.solidaritaet.com/ibykus/2005/4/iby0504-einstein.pdf

Exner, R.: Portrait eines Kindes. Zitiert in: Reiners, L.: Der ewige Brunnen. Ein Hausbuch deutscher Dichtung. C. H. Beck, München [1955] 2005

Heinl, H.: Und wieder blühen die Rosen. Mein Leben nach dem Schlaganfall. [Kösel, 2001] Thinkaeon, London, 2015

Heinl, H. und Heinl, P.: Körperschmerz – Seelenschmerz. Die Psychosomatik des Bewegungssystems. Ein Leitfaden. [Kösel, 2004], Thinkaeon, London, 2015

Heinl, P.: The image and visual analysis of the geneogram. Journal of Family Therapy, 7, 213-229, 1985

Heinl, P.: Die Interaktionsskulptur. Integrative Therapie. Junfermann, Paderborn, 77-110, 1986

Heinl, P.: Visual geneogram work and change: a single case study. Journal of Family Therapy, 9, 281–291, 1987

Heinl, P.: Die Technik der visuellen Analyse von Genogrammen (Familienstammbäumen). Familiendynamik II, 118-138, 1987

Heinl, P.: Kontext und Kommunikation: Koordinaten des Genogramms (Familienstammbaums). Integrative Therapie. Junfermann, Paderborn, 365–375, 1988

Heinl, P.: Object sculpting, symbolic communication and early experience. A single case study. Family Therapy, 10, 167-178, 1988

Heinl, P.: Therapie im sprachlosen Raum: HWS-Trauma in der Kindheit. „Kopf-Körper-Entkopplung" und deren Erfassen durch die Arbeit mit einem Objekt. Praxis Psychotherapie Psychosomatik, 36, 324-330, 1991

Heinl, P.: „Maikäfer flieg, dein Vater ist im Krieg ..." Seelische Wunden aus der Kriegskindheit. [Kösel, 1994] Thinkaeon, 2015

Heinl, P.: Sich selbst organisierendes Denken in der Exploration früher familiensystemischer Erfahrungen. Systhema, 12, 44-55, 1998

Heinl, P.: The Infant Voice in Adult Speech: The Transmission of Information about the First Year of Life in Adult Communication. International Journal of Prenatal and Perinatal Psychology and Medicine, 12, 1, 155-166, 2000.

Heinl, P.: Splintered Innocence. An Intuitive Approach to Treating War Trauma. [Brunner-Routledge, London and New York, 2001] Thinkaeon, 2015

Heinl, P.: Intuitive Diagnostik früher Erfahrungen, Autologik und kommunikativer Feedbackkreis. Gestalttherapie, 18, 2, 22-33, 2004

Heinl, P.: Invisible ruins in the unconscious mind: The intuitive discovery of childhood war trauma. Children in War, Vol 1, No 2, 109-115, 2004

Heinl, P.: Die unsichtbaren Fäden der dunklen Kriegstraumata. Das Schaffen eines europäischen Bewusstseins für ein zentrales Thema. 42-48, Mare Balticum 2003/2004, Steffendruck, Ostseeakademie, 2005

Heinl, P.: Aufbruch in den Denkraum – Intuitive Diagnostik und Datentransfer zwischen mobilen psychoneurobiologischen Kommunikatoren. In: Remmel et al. (Hrsg): Körper und Persönlichkeit.

Entwicklungspsychologische und neurobiologische Grundlagen der Borderline-Störung. Schattauer, Stuttgart, 2006.

Heinl, P.: Trümmer, Trauma und Transmission im Spiegel der Intuitiven Diagnostik. Die unbewusste Übertragung von Kriegstraumata auf nachfolgende Generationen. Gestalttherapie, 20, 1, 151-162, 2006

Heinl, P.: Die Ungnade der späten Geburt. Der 100jährige Krieg in den Katakomben des Unbewussten. In: Janus, L. (Hrsg): Geboren im Krieg. Kindheitserfahrungen im 2. Weltkrieg und ihre Auswirkungen. Psychosozial Verlag, Gießen, 2006

Heinl, P.: Rumpelstilzchen, Teufel, Superman ... und Hüftschmerz. Das systemische und therapeutische Potenzial Intuitiver Diagnostik. Systhema, 3, 20 Jhrg, 257-269, 2006

Heinl, P.: Die Schlinge um den Hals ... der Logik? Plädoyer für eine „unbewusste" Medizin. Intuitive Diagnostik als „bildgebende Droge" bei der Behandlung einer transgenerationellen Schmerzsymptomatik. Systhema, 2, 22 Jhrg, 117-130, 2008

Heinl, P.: Der Weg zum Schrei in der Wiege. Intuitive Diagnostik als Körperseelensprache in der Körperpsychotherapie. In: Thielen, M. (Hrsg): Körper- Gefühl-Denken, Körperpsychotherapie und Selbstregulation. Psychosozial Verlag, Gießen, 2009

Heinl, P.: Licht in den Ozean des Unbewussten. Vom intuitiven Denken zur Intuitiven Diagnostik. Ein Leitfaden in den Denkraum. Thinkaeon, London, 2014

Heinl, P.: Schlafloser Mond. Im Labyrinth des Chronischen Erschöpfungs-syndroms. Thinkaeon, London, 2016

Herman, J. L.: Die Narben der Gewalt. Traumatische Erfahrungen verstehen und überwinden. Junfermann, Paderborn, 2008

Heym, G.: Alle Landschaften. Zitiert in: Reiners, L.: Der ewige Brunnen. Ein Hausbuch deutscher Dichtung. C. H. Beck, München [1955] 2005

Kandel, E.: zitiert in Rüegg, J. C. Psychosomatik, Psychotherapie und Gehirn. Schattauer, Stuttgart, 2. Auflage, 2003

Kleist, H. von: Theater, Kleine Schriften. Spamer, Leipzig

Kokoschka, O. zitiert in: Niefanger, D. Produktiver Historismus: Raum und Landschaft in der Wiener Moderne. De Gruyter, 1993, S. 82

MacGregor, N.: A History of the World in 100 Objects. Penguin Books, London, 2012

Newmann, E. A. et al.: The Beautiful brain. The Drawings of Santiago Ramón y Cajal.: Abrams, New York, 2017

Ramón y Cajal, S.: Recollections of My Life. The MIT Press, 1989

Rimbaud, A.: Fêtes de la Patience, IV. Age D'Or, Oevres. Hazan, Paris

Sacks, O.: Der Tag, an dem mein Bein fortging. Rowohlt, Hamburg, 2009

Schoonover, C.: Portraits of the Mind. Visualizing the Brain from Antiquity to the 21st Century. Abrams, New York, 2010

Schreber, D. P.: Denkwürdigkeiten eines Nervenkranken. Createspace Independent Publishing Platform, 2013

Swanson, L. et al.: The Beautiful Brain. The Drawings of Santiago Ramón y Cajal. Abrams, New York, 2017

Winnicott, D.: Vom Spiel zur Kreativität. Klett-Cotta, Stuttgart, 2018

Das Zitat „Ein fröhliches Herz macht ein fröhliches Angesicht; aber wenn das Herz bekümmert ist, entfällt auch der Mut", stammt aus: Die Bibel Lutherübersetzung, Deutsche Bibelgesellschaft 2016, Sprüche 15,13

ÜBER DIE AUTOR*INNEN

REGULA DAMMRING

Regula Dammring arbeitete mit Kindern, Jugendlichen und Erwachsenen als Lehrkraft an Real- und Gemeinschafts-schulen und als Studienleiterin in der Ausbildung von Lehr-kräften in den Bereichen Pädagogik und Deutsch sowie in der Fortbildung von Mentor*innen. Außerdem war sie als Musiktherapeutin tätig.

PETER HEINL

Dr. med. Peter Heinl MRCPsych ist Arzt für Psychiatrie, Psychotherapie und Familientherapeut. Nach Forschung in der Physiologie und Magna cum laude Promotion erhielt er seine fachärztliche Ausbildung am Maudsley Hospital und der Tavistock Clinic in London. Er ist Mitglied des Royal College of Psychiatrists, International Fellow of the American Psychiatric Association, Patron of the Children-in-War Memorial Day Project und Mitglied des Scientific Committee of the Holocaust Centrum Austria. Dr. Peter Heinl lebt und arbeitet in London und ist in Großbritannien, Deutschland und Österreich lehrtätig. Er ist Autor mehrerer Fachbücher und literarischer Werke.

www.thinkclinic.com

BÜCHER
IM THINKAEON VERLAG

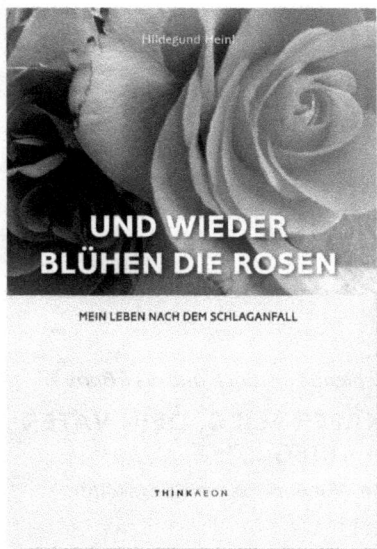

Neu erschienen als Buch und als EBook

UND WIEDER
BLÜHEN DIE ROSEN

Mein Leben nach dem Schlaganfall

Erstmals erschienen bei Kösel, München, 2001

Heinl, H.: Thinkaeon, London, 2015
(Neuauflage)

Erhältlich über www.Amazon.de

Peter Heinl

›Maikäfer flieg, dein Vater ist im Krieg ...‹

Seelische Wunden aus der Kriegskindheit

„MAIKÄFER FLIEG,
DEIN VATER IST IM KRIEG ..."

Seelische Wunden aus der Kriegskindheit

Heinl, P.: Kösel, München, 1994, (8. Auflage)

Neu erschienen als Buch und als EBook

„MAIKÄFER FLIEG, DEIN VATER
IST IM KRIEG ..."

Seelische Wunden aus der Kriegskindheit

Erstmals erschienen bei Kösel, München, 1994

Heinl, P.: Thinkaeon, London, 2015

(Neuauflage)

Erhältlich über www.Amazon.de

386

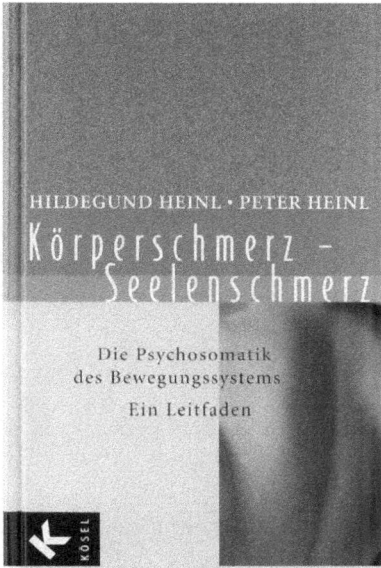

KÖRPERSCHMERZ-SEELENSCHMERZ

Die Psychosomatik des Bewegungssystems
Ein Leitfaden

Heinl, H. und Heinl. P.: Kösel, München 2004
(6. Auflage)

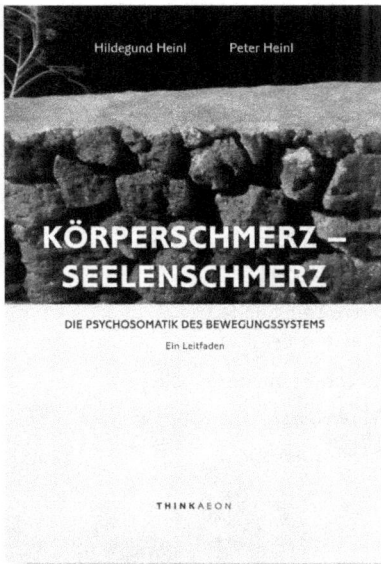

Neu erschienen als Buch und als EBook

KÖRPERSCHMERZ-SEELENSCHMERZ

Die Psychosomatik des Bewegungssystems
Ein Leitfaden

Erstmals erschienen bei Kösel, München, 2004

Heinl, H. und Heinl. P.: Thinkaeon, London, 2015
(Neuauflage)

Erhältlich über www.Amazon.de

Neu erschienen als Buch und als EBook

LICHT IN DEN OZEAN DES UNBEWUSSTEN

Vom intuitiven Denken zur
Intuitiven Diagnostik

Ein Leitfaden in den Denkraum

Heinl, P.: Thinkaeon, London, 2014

Erhältlich über www.Amazon.de

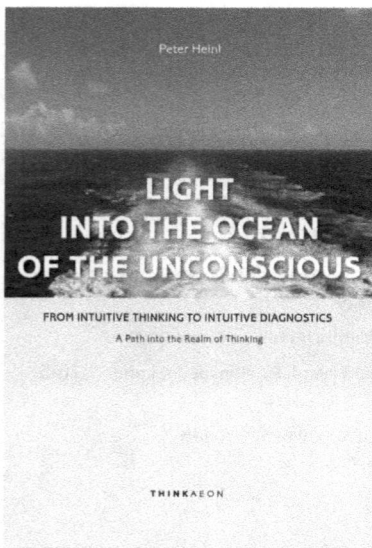

Soon available

LIGHT INTO THE OCEAN OF THE UNCONSCIOUS

From Intuitive Thinking to
Intuitive Diagnostics

A Path into the Realm of Thinking

Heinl, P.: Thinkaeon, London, 2019

Soon available via Amazon

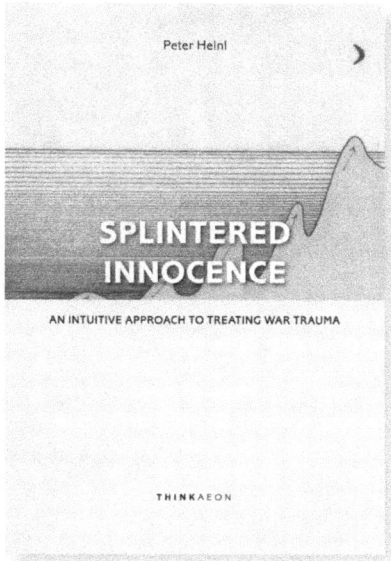

Neu erschienen als Buch und als EBook

SPLINTERED INNOCENCE

An Intuitive Approach to Treating War Trauma

Erstmals erschienen bei Routledge, London-New York, 2001

Heinl, P.: Thinkaeon, London, 2015

(Neuauflage)

Erhältlich über www.Amazon.de

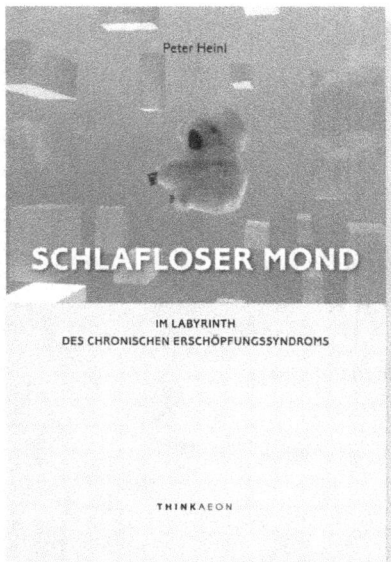

Neu erschienen als Buch und als EBook

SCHLAFLOSER MOND

Im Labyrinth des Chronischen Erschöpfungssyndroms

Heinl, P.: Thinkaeon, London, 2016

Erhältlich über www.Amazon.de

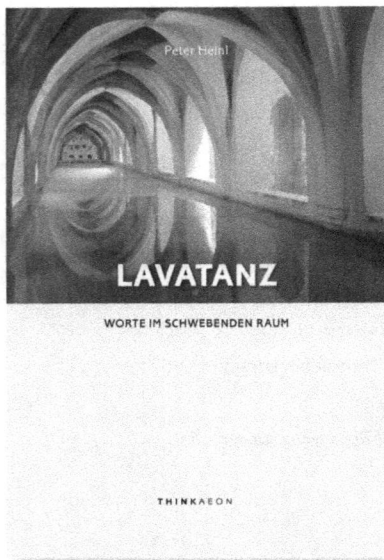

Neu erschienen als Buch und als EBook

LAVATANZ

Worte im schwebenden Raum

Heinl, P.: Thinkaeon, London, 2016

Erhältlich über www.Amazon.de

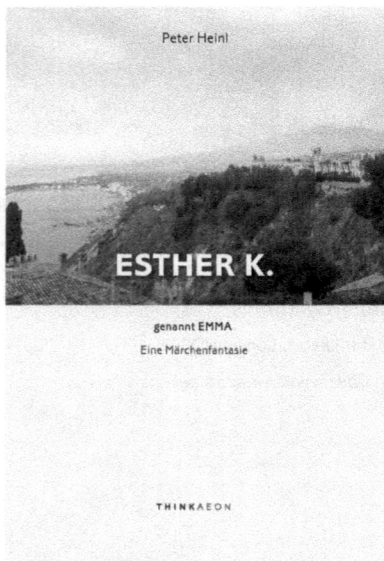

Neu erschienen als Buch und als EBook

ESTHER K.
GENANNT EMMA

Eine Märchenfantasie

Heinl, P.: Thinkaeon, London, 2016

Erhältlich über www.Amazon.de

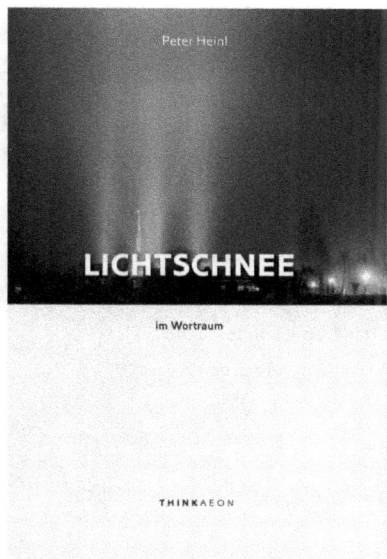

Neu erschienen als Buch und als EBook

LICHTSCHNEE

im Wortraum

Heinl, P.: Thinkaeon, London, 2016

Erhältlich über www.Amazon.de

Neu erschienen als Buch und als EBook

DIE TAGE AM WORTSEE

Roman

Heinl, P.: Thinkaeon, London, 2016

Erhältlich über www.Amazon.de

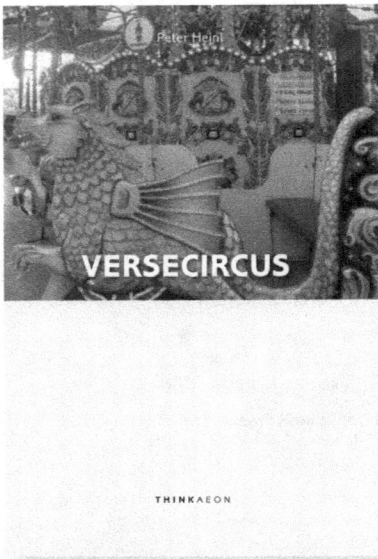

Neu erschienen als Buch und als EBook

VERSECIRCUS

Heinl, P.: Thinkaeon, London, 2016

Erhältlich über www.Amazon.de

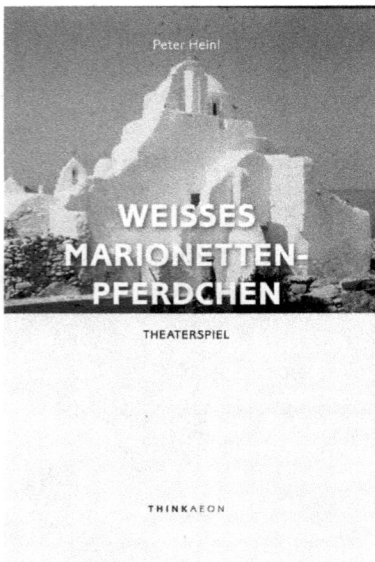

Neu erschienen als Buch und als EBook

**WEISSES
MARIONETTENPFERDCHEN**

Theaterspiel

Heinl, P.: Thinkaeon, London, 2017

Erhältlich über www.Amazon.de

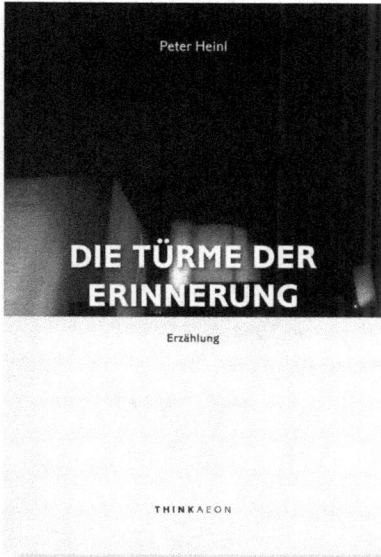

Neu erschienen als Buch und als EBook

DIE TÜRME DER ERINNERUNG
Erzählung

Heinl, P.: Thinkaeon, London, 2017
Erhältlich über www.Amazon.de

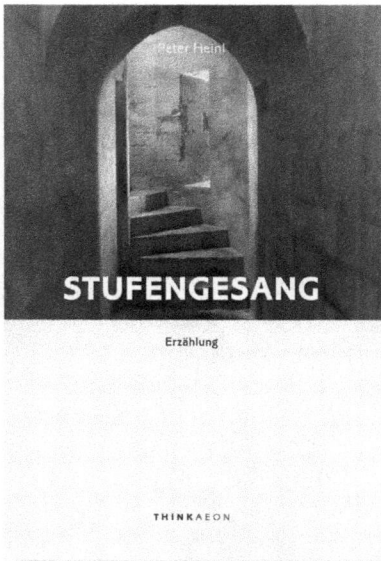

Neu erschienen als Buch und als EBook

STUFENGESANG
Erzählung

Heinl, P.: Thinkaeon, London, 2017
Erhältlich über www.Amazon.de

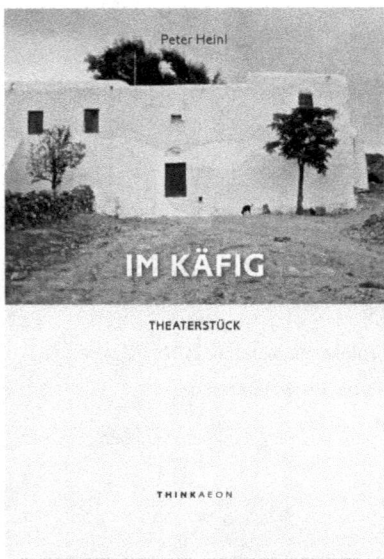

Neu erschienen als Buch und als EBook

IM KÄFIG

Theaterstück

Heinl, P.: Thinkaeon, London, 2017

Erhältlich über www.Amazon.de

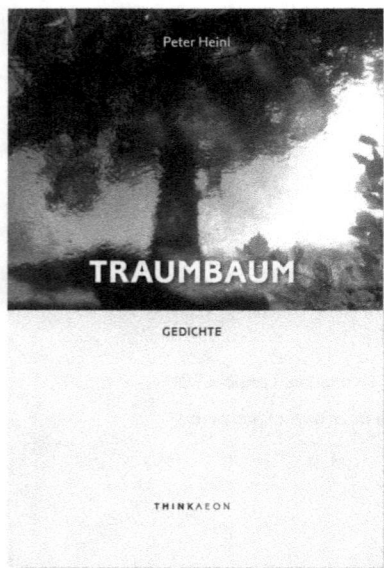

Neu erschienen als Buch und als EBook

TRAUMBAUM

Gedichte

Heinl, P.: Thinkaeon, London, 2017

Erhältlich über www.Amazon.de

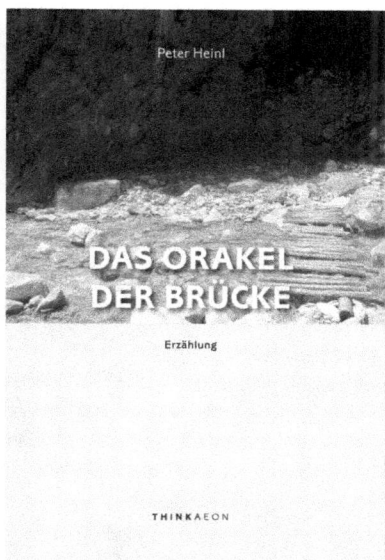

Neu erschienen als Buch und als EBook

DAS ORAKEL DER BRÜCKE

Erzählung

Heinl, P.: Thinkaeon, London, 2017

Erhältlich über www.Amazon.de

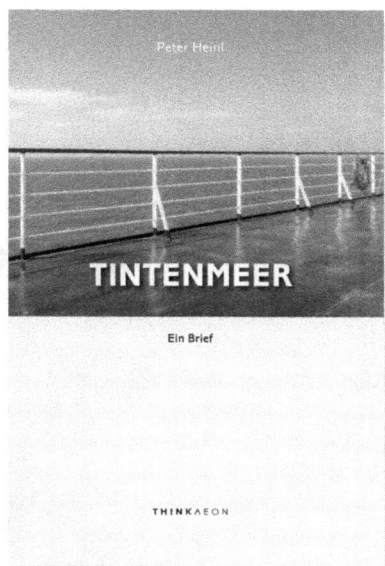

Neu erschienen als Buch und als EBook

TINTENMEER

Ein Brief

Heinl, P.: Thinkaeon, London, 2018

Erhältlich über www.Amazon.de

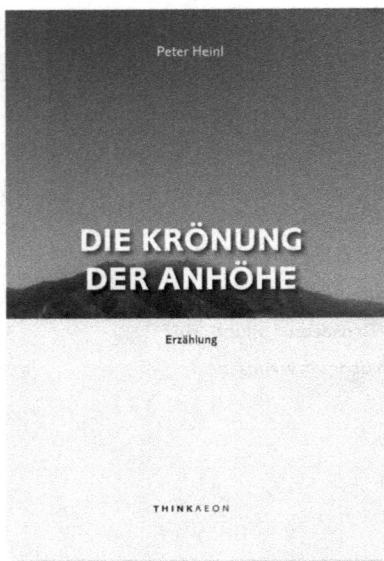

Neu erschienen als Buch und als EBook

DIE KRÖNUNG DER ANHÖHE
Erzählung

Heinl, P.: Thinkaeon, London, 2018

Erhältlich über www.Amazon.de

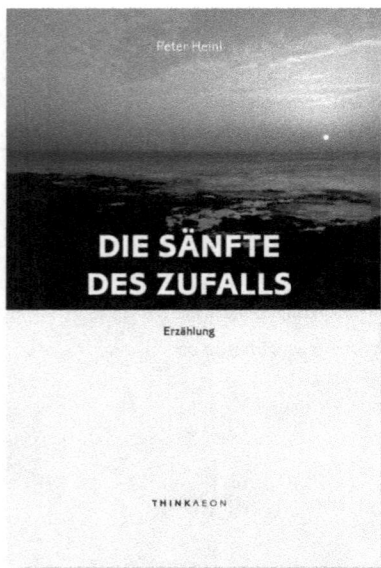

Neu erschienen als Buch und als EBook

DIE SÄNFTE DES ZUFALLS
Erzählung

Heinl, P.: Thinkaeon, London, 2018

Erhältlich über www.Amazon.de

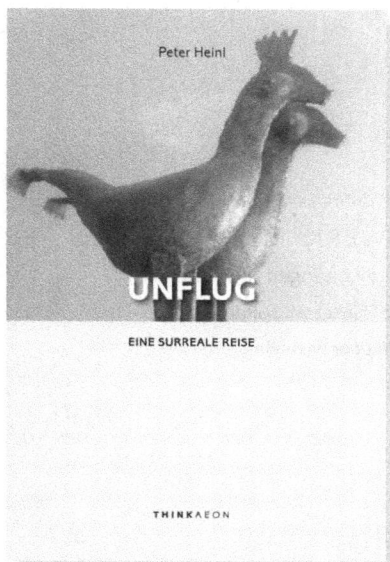

Peter Heinl

UNFLUG

EINE SURREALE REISE

THINKAEON

Neu erschienen als Buch und als EBook

UNFLUG

Eine surreale Reise

Heinl, P.: Thinkaeon, London, 2018

Erhältlich über www.Amazon.de

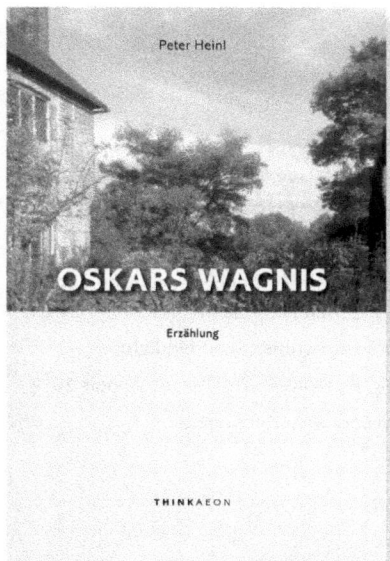

Peter Heinl

OSKARS WAGNIS

Erzählung

THINKAEON

Neu erschienen als Buch und als EBook

OSKARS WAGNIS

Erzählung

Heinl, P.: Thinkaeon, London, 2018

Erhältlich über www.Amazon.de

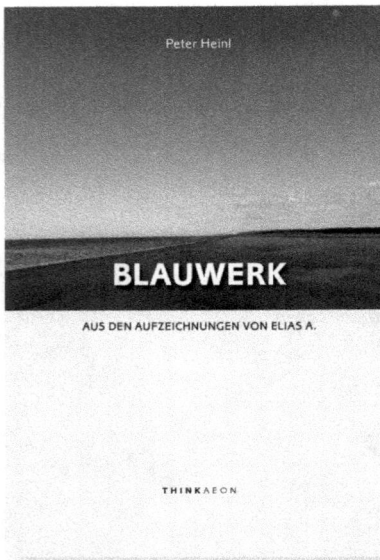

Neu erschienen als Buch und als EBook

BLAUWERK

Die Aufzeichnungen des Elias A.

Heinl, P.: Thinkaeon, London, 2019

Erhältlich über www.Amazon.de

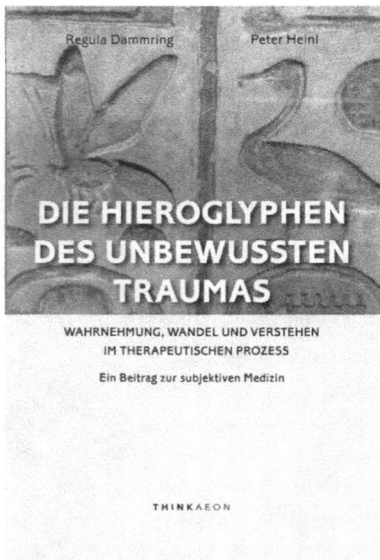

Neu erschienen als Buch und als EBook

DIE HIEROGLYPHEN DES UNBEWUSSTEN TRAUMAS

Wahrnehmung, Wandel und Verstehen im therapeutischen Prozess

Ein Beitrag zur subjektiven Medizin

Dammring, R., Heinl, P.: Thinkaeon, London, 2019

Erhältlich über www.Amazon.de

www.ingramcontent.com/pod-product-compliance
Lightning Source LLC
Chambersburg PA
CBHW050329270326
41926CB00016B/3380